Biopolítica na PMERJ:
Um Estudo Exploratório sobre Poder Disciplinar, Biopoder e Sociedade de Controle na Corporação

ÍTALO DO COUTO FERREIRA

F383b   Ferreira, Ítalo do Couto
        Biopolítica na PMERJ: Um Estudo Exploratório sobre
Poder Disciplinar, Biopoder e Sociedade de Controle na
Corporação/ Ítalo do Couto Ferreira. – 2. ed. rev. Rio de
Janeiro [s.n.], 2019.
        86p. 22,86cm.

        ISBN 978-1980304838

1.   Administração pública 2. Ciência militar I. Título

                                                    CDD 350
                                                    CDU 355/55

ISBN: 978-1980304838

DEDICATÓRIA

Ao Senhor Jesus Cristo toda a honra, glória, majestade e louvor, porque dele, por ele e para ele são todas as coisas; glória, pois, a ele eternamente. Amém!

CONTEÚDO

AGRADECIMENTOS

Ao Senhor Deus, O Todo Poderoso, por ter me colocado na Polícia Militar do Estado do Rio de Janeiro bem como na Universidade Federal Fluminense para cursar a Especialização em Políticas Públicas de Justiça Criminal e Segurança Pública.

1 INTRODUÇÃO

A pesquisa buscará conhecer através do trabalho de campo quais são os mecanismos de poder utilizados na Polícia Militar do Estado do Rio de Janeiro (PMERJ) para obter a docilidade dos corpos de seus policiais militares, bem como as táticas e técnicas de dominação e controle dos policiais militares na Corporação. Sistematizando essas táticas e técnicas com a finalidade de desvelar tais mecanismos de poder que parecem ocultos à maioria dos policiais militares.

Parte-se da premissa de Foucault (2005, p. 40) que a análise do poder deve ser feita fora do modelo do Leviatã de Hobbes, no qual o corpo social é unitário e fabricado artificialmente, tendo a soberania como alma. O poder deve ser observado fora do campo delimitado pela soberania jurídica e pelo Estado institucionalizado. Deve-se voltar o olhar para as táticas e técnicas de dominação, e isto só é possível examinando a atuação do poder no seu campo de incidência específico.

Objetivos

A pesquisa buscou identificar as práticas dos mecanismos de poder adotados na PMERJ e suas técnicas numerosas e diversas para obter a docilidade dos corpos e o controle da conduta dos policiais militares.

- Analisar o poder disciplinar utilizado na PMERJ.
- Conhecer e descrever as técnicas disciplinares utilizadas na PMERJ.
- Conhecer e descrever os biopoderes utilizados na PMERJ.
- Compreender como se constroem, na prática, as relações do Estado com seus policiais militares.

- Definir, qualificar e valorizar o trabalho dos policiais militares.

- Analisar se as ações do governo produzem resultados para os cidadãos.

- Analisar os fatores associados ao possível sucesso da iniciativa.

- Contribuir para reflexão e debate crítico acerca do tema.

Justificativa

O Estado do Rio de Janeiro possui uma população de 16.515.855 pessoas[1], uma área de 43.777.954 Km², 365,23 hab/Km² e 92 municípios, conforme dados oficiais do Instituto Brasileiro de Geografia e Estatística (IBGE) [2]. Dentre essa população, 48.542 pessoas[3] são policiais militares do serviço ativo da PMERJ, ou seja, 0,29% da população fluminense, em uma proporção aproximada de 340 hab/PM.

Uma minoria de 0,29% da população fluminense exerce poder de polícia e seus atributos (discricionariedade, autoexecutoriedade e coercibilidade) sobre os 99,71% restante e sobre ela mesma. O caput do artigo 78 da Lei n.º 5.172, de 25 de outubro de 1966 – Código Tributário Nacional define poder de polícia:

> Art, 78. Considera-se poder de polícia atividade da administração pública que, limitando ou disciplinando direito, interesse ou liberdade, regula a prática de ato ou obtenção de fato, em razão de interesse público concernente à segurança, à higiene, à ordem, aos costumes, à disciplina da produção e do mercado, ao exercício de atividades econômicas dependentes de concessão ou autorização do Poder Público, à tranquilidade pública ou ao respeito à propriedade e aos direitos individuais ou coletivos.

O poder de polícia, quando executado regularmente, apresenta seus atributos, quais são:

- *Discricionariedade* – a Administração Pública tem a liberdade de estabelecer, de acordo com sua conveniência e oportunidade, quais serão as

---

[1] Projeção da população do Estado do Rio de Janeiro até o dia 10 de janeiro de 2015 às 14h18min, conforme dados do IBGE. Disponível em: < http://www.ibge.gov.br/apps/populacao/projecao/>. Acesso em: 10 jan. 2015.

[2] Instituto Brasileiro de Geografia e Estatística. Disponível em: <http://www.ibge.gov.br/estadosat/perfil.php?sigla=rj>. Acesso em: 10 jan. 2015.

[3] Dados fornecidos pela PM/1 da PMERJ no dia 07 de janeiro de 2015.

limitações impostas ao exercício dos direitos individuais e as sanções aplicáveis nesses casos. Também tem a liberdade de fixar as condições para o exercício de determinado direito.

• *Autoexecutoriedade* – a Administração Pública pode exercer o poder de polícia sem a necessidade de intervenção do Poder Judiciário. A única exceção é a cobrança de multas, quando contestadas pelo particular. A autoexecutoriedade só é possível quando prevista expressamente em lei e em situações de emergência, nas quais é necessária a atuação imediata da Administração Pública.

• *Coercibilidade* – os atos do poder de polícia podem ser impostos aos particulares, mesmo que, para isso, seja necessário o uso de força para cumpri-los. Esse atributo é limitado pelo princípio da proporcionalidade.

À Polícia Militar cabe exercer o poder de polícia administrativa e de polícia judiciária militar, sua atuação está definida no artigo 144 da Constituição Federal e em diversas leis, decretos-leis, decretos, portarias e outros, que normalizam suas atribuições e as condutas dos seus policiais militares.

Diante de tal poder conferido a todos os policiais militares da ativa na PMERJ, resolvemos estudar e descrever os mecanismos de poder, sobre a ótica de Foucault, utilizados na formação policial militar para a produção de obediência; quais táticas e técnicas são utilizadas para vigiar e punir os policiais militares em formação e já formados, com a finalidade de prevenir os desvios e normalizar as condutas; e identificar os tipos de sociedades ao qual está inserido o policial militar em cada contexto de mecanismo de poder na PMERJ.

A pesquisa se faz relevante, haja vista que mesmo os policiais militares que exercem poder e são influenciados por ele, seja no âmbito interno da PMERJ e/ou no âmbito da sociedade civil, não se dão conta de tais mecanismos de poder e nem como a relação entre poder e conhecimento são usados como uma forma de controle social por meio da PMERJ.

Revisão Teórica

Segundo Foucault (2005), a sociedade disciplinar traz, como características essenciais, a distribuição dos indivíduos em espaços individualizados, classificatórios, combinatórios, isolados, hierarquizados, capazes de desempenhar funções diferentes segundo o objetivo específico que deles exige. Estabelece uma sujeição do indivíduo ao tempo, com o objetivo de produzir com o máximo de rapidez e eficácia. Por exemplo, a rotina dos quartéis e os treinamentos nas escolas de polícia militar. A vigilância também se expressa como um dos seus instrumentos de controle, de maneira contínua, perpétua e permanente.

No âmbito do Direito Penal Militar, enunciam-se os crimes e castigos que preconizam o controle e a reforma psicológica e moral das atitudes e do comportamento dos indivíduos (policiais militares). As técnicas disciplinares são expressas pelos regulamentos (Regulamento Disciplinar, Regulamento de Continências, Regulamento Interno de Serviços Gerais, etc.), e a punição disciplinar é inserida entre os discursos do saber.

Foucault definiu os quartéis como uma engenharia que passa praticamente despercebida enquanto estratégias ou táticas de poder. Aparece, contudo, como uma mecânica de observação individual, classificatória e modificadora de comportamento, uma arquitetura formulada para os espaços da prisão, ou para outras administrações, tais como: a fábrica, a escola, o manicômio, o quartel. Essa maquinaria é o Panóptico (Bentham, 2008).

O Panóptico é a utopia de uma sociedade e de um tipo de poder que é a sociedade que atualmente conhecemos - utopia que efetivamente se realizou. Este tipo de poder recebe o nome de panoptismo. Vivemos em uma sociedade onde reina o panoptismo. Com o panóptico, produz-se algo totalmente diferente. Mais importante do que o inquérito, é a vigilância e o exame. O Panóptico tem uma tríplice função: a vigilância; o controle; e a correção.

Segundo Foucault (1998), o poder é uma prática social e, por isso mesmo, é constituída historicamente e articula-se com a estrutura econômica. O que Foucault chamou de microfísica do poder significa tanto um deslocamento do espaço de análise quanto o nível que se efetua. De acordo com a sua categorização, as sociedades e os seus respectivos regimes de visibilidade podem ser divididos em: sociedades de soberania, onde o rei ou senhor exercia o poder por meio de uma vigilância externa e geral; sociedade disciplinar, na qual as instituições são um dos maiores dispositivos de visibilidade, principalmente com relação ao funcionamento dos operários institucionais; e sociedade de controle, que veio substituir a sociedade disciplinar, na qual ocorre a implementação progressiva e dispersa de um novo regime de dominação, ou seja, o exercício do poder a distância.

Atualmente, encontramo-nos em uma crise generalizada de todos os meios de confinamento da sociedade disciplinar e assistimos à instalação de uma sociedade que controla a distância. Desse modo, a crise das instituições modernas representa a implantação progressiva e dispersa de um novo regime de dominação. A lógica da sociedade disciplinar é analógica, ou seja, descontínua e diferenciada em cada confinamento, enquanto a da sociedade de controle (Deleuze, 1992) é numérica e constante.

Metodologia

O método utilizado para essa pesquisa foi o qualitativo, pois verifica uma relação dinâmica entre o mundo real e o sujeito, isto é, um vínculo indissociável entre o mundo objetivo e a subjetividade do sujeito que não pode ser traduzido em números, segundo Minayo (2007).

As técnicas de coleta de dados utilizadas foram a pesquisa bibliográfica, documental e de campo, através da observação não participante - já que é uma técnica que consiste em coletar os dados diretamente da realidade, e segundo Barros e Lehefeld (2000, p. 61):

> Observar é aplicar atentamente os sentidos a um objeto, para dele adquirir um conhecimento claro e preciso. É um procedimento investigativo de suma importância na Ciência, pois é através dele que se inicia todo estudo dos problemas. Portanto, deve ser exata, completa, sucessiva e metódica.

E da "participação observante" (Wacquant, 2002), pois assim como Silva (2011, p. 21), o autor é um pesquisador nativo que também se dispôs a estudar a própria instituição, uma vez que é oficial da PMERJ.

> Os dados foram obtidos pela "participação-observante" de um pesquisador-nativo que se dispôs a estudar sua própria instituição profissional, pois, como oficial da PMERJ, eu já participava da cultura profissional que agora, como pesquisador, deveria observar. Nesse sentido, ao inverter o binômio malinowiskiano, não precisei "virar um nativo", porquanto eu já o era.

E Histórico-organizacional, conforme Bogdan (apud Triviños, 1987), que diz que o pesquisador tem o foco na vida da Instituição e parte do conhecimento que tem sobre a organização que será examinada. Os materiais de consulta foram arquivos, publicações, estudos pessoais, entrevistas referentes à vida da Instituição. Fizemos um estudo de caso das dinâmicas de atuação do poder disciplinar na docilização dos corpos dos policiais militares (cadetes) na Academia de Polícia Militar D. João VI e dos biopoderes atuantes na normalização de conduta dos policiais militares no Y° Batalhão de Polícia Militar (BPM), pois segundo Triviños (1987, p. 133) "é uma categoria de pesquisa cujo objeto é uma unidade que se analisa aprofundadamente". Utilizamos a técnica etnográfica de imersão parcial e entrevistas abertas aos policiais militares do Yº BPM.

aprofundadamente". Utilizamos a técnica etnográfica de imersão parcial e entrevistas abertas aos policiais militares do Yº BPM.

2 O PODER DISCIPLINAR

Foucault nos explica que micropoderes perpassam todo o corpo social, causando transformações e modificações de condutas nos indivíduos, ao afirmar que "em qualquer sociedade, o corpo está preso no interior de poderes muito apertados, que lhe impõe limitações, proibições ou obrigações" (Foucault, 1999, p. 118). O corpo social é consolidado como algo fabricado, influenciado por uma coação calculada, esquadrinhado em cada função corpórea, objetivando a automatização.

O principal alvo e objeto de poder – que tem a tarefa de incorporar nos corpos características de docilidade como meta - é o homem. Dócil é "um corpo que pode ser submetido, que pode ser utilizado, que pode ser transformado e aperfeiçoado" (Foucault, 1999, p. 118). Suas formas de modelagens são realizadas por meio do adestramento – utilizado como uma poderosa ferramenta de controle – que atua de forma disciplinadora, sendo considerada uma das "fórmulas gerais de dominação" (Foucault, 1999, p. 118).

Assim, sob o olhar da disciplina existem técnicas que norteiam todos os processos de modelagem, "a disciplina, segundo a genealogia foucaultiana, diz respeito tanto a uma modalidade de poder que se caracteriza por medir, corrigir, hierarquizar, quanto torna possível um saber sobre o indivíduo" (Pinho, 1998, p.189).

As técnicas de controle disciplinar têm fórmulas pelas quais o poder se exemplifica:

* *Escala* – tem como premissa o trabalho no detalhe, agindo sobre o corpo de modo infinitesimal, exercendo "sobre ele uma coerção sem folga" (Foucault, 1999, p. 118).

* *Objeto* – onde "se faz mais sobre a força do que sobre os sinais" (Foucault, 1999, p. 118).

- *Modalidade* – controle do tempo, espaço e movimento: "coerção ininterrupta, constante, que vela sobre os processos da atividade mais que sobre o seu resultado" (Foucault, 1999, p. 118).

A modelagem dos corpos atribui particularidade de docilidade – tornando o corpo útil e produtivo – ao aumentar a sua submissão e obediência. É uma política de coerções, uma ideologia calculada no detalhe que tem como finalidade o controle e a modelagem das atitudes, dos gestos e dos comportamentos.

Para a modelagem e o controle dos corpos, a disciplina produz ferramentas que vão orientar todo o processo de construção do poder e normatização das condutas, adotando particularidades para a sua aquisição, pois "constrói quadros; prescreve manobras; impõe exercícios; enfim, para realizar a combinação das forças, organiza 'táticas'." (Foucault, 1999, p. 141). Conforme Foucault (1999), diante desses processos progressivos é retirado cada momento de tempo dos indivíduos, perpassando uma escala evolutiva e gradual em busca da otimização de suas potencialidades, criando uma maneira de gerir o tempo, torná-lo útil por recorte segmentar, por seriação, por síntese e totalização (Foucault, 1999).

Apresentaremos o Poder Disciplinar sob a perspectiva de Michel Foucault, expressa principalmente em sua obra *Vigiar e Punir*, e, ainda, por meio da experiência pessoal do pesquisador nos quatorze anos (2001 a 2015) em que atuou como policial militar no serviço ativo da Polícia Militar do Estado do Rio de Janeiro (PMERJ).

APM D. João VI – A Fábrica dos Indivíduos Máquinas

Escolhemos a Academia de Polícia Militar (APM) D. João VI como alvo e campo de nossa pesquisa devido ao fato de a APM ser "o principal *lócus* de transmissão dos valores e saberes militares" (Silva, 2011, p. 18), uma vez que seus rituais e rotinas – técnicas disciplinares – foram inspirados na Academia Militar das Agulhas Negras (AMAN) [4]. Por isso, a APM é o local onde mais intensamente se aplicam as disciplinas aos policiais militares, e é de lá que as técnicas disciplinares se propagam pela PMERJ, uma vez que é o local de onde se originam os Oficiais, que gerem toda a Corporação, inclusive as demais escolas de formação policial militar. Podemos dizer que as demais escolas de formação da PMERJ são uma reprodução da APM, embora não de maneira perfeita, já que não são instituições totais[5]

---

[4] A AMAN é a única escola de formação de oficiais de carreira das Armas de Infantaria, Cavalaria, Artilharia, Engenharia e Comunicações; do Quadro de Material Bélico e do Serviço de Intendência do Exército Brasileiro.

(Goffman, 2005) como a APM.

O pesquisador é oriundo da APM, onde realizou o Curso de Formação de Oficiais (CFO) de 2001 a 2003. Fizemos um dia de observação no dia 9 de janeiro de 2015 na APM, onde coletamos dados por meio de observação direta.

A APM D. João VI, uma instituição de sequestro[6] – essa denominação é utilizada pelo fato de individualizar o sujeito e usar técnicas disciplinares para docilizá-lo -, é localizada na Av. Marechal Fontenelle, 2906 – Jardim Sulacap, Rio de Janeiro. Tem por atribuição a formação do futuro Oficial PM, é um Estabelecimento de Ensino Superior que tem por objetivo dar cultura jurídica, policial militar e técnico-profissional aos futuros Oficiais da PMERJ, conforme o Parecer n.º 232/82 do Conselho Federal de Educação, homologado pelo Ministério da Educação (MEC).

Na APM funcionam os seguintes cursos:

• *Curso de Formação de Oficiais (CFO)*: É o principal curso oferecido pela APM, tem duração de três anos (nível superior). Durante os anos de curso, o aluno-oficial é um policial militar na graduação de Cadete[7] PM, uma praça especial que está hierarquicamente posicionada acima da graduação de Subtenente PM e abaixo da graduação de Aspirante a Oficial PM. O Cadete PM recebe seu espadim (réplica em tamanho reduzido da espada do alferes Joaquim José da Silva Xavier, conhecido como *Tiradentes*) no 1º ano do CFO, o qual, após ser declarado Aspirante a Oficial PM ao término do curso, substitui pela sua espada, símbolo do oficialato. Com um currículo bem variado, tem matérias que vão desde Humanas, passando por Jurídicas, às Exatas e Militares.

• *Curso de Habilitação ao Quadro de Oficiais Auxiliares e Especialistas (CHQOAE)*: Tem como objetivo proporcionar às praças (Subtenentes e 1º Sargentos) o acesso ao oficialato, com matérias voltadas principalmente

---

[5] Segundo Goffman (2005), uma instituição total é definida como um local de residência e trabalho, no qual grande número de indivíduos em situação semelhante, separados da sociedade mais ampla por um tempo considerável, leva uma vida formalmente administrada e fechada.

[6] Instituição de sequestro é um local que retira o indivíduo do espaço social e o delimita em um espaço durante um longo tempo, a fim de moldar sua conduta e disciplinar seu comportamento.

[7] Historicamente, "cadete" era a designação tradicional para os filhos homens, não primogênitos, da nobreza europeia. Assim, um ramo cadete de uma família é o que não descende do primogênito. Enquanto que os filhos primogênitos herdavam quase a totalidade dos títulos e dos bens de família, tradicionalmente, os filhos cadetes seguiam o sacerdócio ou a carreira militar. Provavelmente por essa razão, em alguns países, começaram a designar-se "cadetes" os jovens nobres que estudavam numa escola militar ou tirocinavam como soldados num regimento, antes de serem admitidos como oficiais.

para a área Jurídica e Militar, habilitando-os a ingressarem no Quadro de Oficiais Auxiliares ou de Especialistas.

• *Estágio Probatório de Adaptação de Oficiais (EPAO)*: É feito quando da realização de concursos para o Quadro de Oficiais de Saúde da PMERJ, com duração de cerca de seis meses, no qual profissionais da área de Saúde (Médicos, Dentistas, Psicólogos, Veterinários, Enfermeiros, etc.) obtém noções da vida castrense.

No entanto, na nossa pesquisa, nos ateremos ao CFO, uma vez que esse é o curso regular da APM.

O poder disciplinar é exercido na APM D. João VI através de uma espécie de adestramento do sujeito policial militar. Não existe explicitamente uma dominação do homem, mas uma espécie de introjeção[8] que visa moldar o Cadete PM no processo que usará técnicas de adestramento do indivíduo que Foucault (1999, p. 143) chama de "fabricação de indivíduos máquinas".

> A disciplina "fabrica" indivíduos; ela é a técnica específica de um poder que toma os indivíduos ao mesmo tempo como objetos e como instrumentos de seu exercício. Não é um poder triunfante que, a partir de seu próprio excesso, pode-se fiar em seu superpoderio; é um poder modesto, desconfiado, que funciona a modo de uma economia calculada, mas permanente. Humildes modalidades, procedimentos menores, se os compararmos aos rituais majestosos da soberania ou aos grandes aparelhos do Estado. (FOUCAULT, 1999, p.143).

Essa fabricação do indivíduo máquina acontece a partir de um processo lento e cauteloso, durante três anos no CFO. Na obra *Vigiar e Punir*, Foucault (1999) analisa esse processo de fabricação baseado na figura do soldado. Já que esse personagem tem o corpo como um "brasão" representando sua coragem, força, vigor, entre outros elementos obrigatórios para que ele seja reconhecido ao longe e admirado como exemplo de disciplina. Obviamente que não são todos os homens que trazem consigo essas qualidades, por essa razão, a partir da segunda metade do século XVIII, o soldado passou a ser algo fabricado.

Para fabricar a "máquina" – Aspirante a Oficial PM – que a PMERJ precisa, a APM corrige lentamente a postura do Cadete PM, uma coação calculada percorre paulatinamente cada parte do corpo do cadete, tornando-

---

[8] Na teoria da psicanálise, esse termo é usado para designar o processo pelo qual a criança incorpora os valores dos pais e da sociedade, transformando-os em seus.

se senhor dele e se prolongando de forma silenciosa, aproveitando-se dos hábitos, que se tornam cada vez mais automáticos. Após esse longo processo, vê-se a massa informe de um corpo inapto de "camponês" (cidadão civil) dar espaço à magnífica "fisionomia de soldado" (Foucault, 1999, p. 117). Portanto, a APM usa a disciplina para a fabricação de um sujeito que atenda seus principais requisitos de um soldado – policial militar – modelo.

A APM D. João VI como "fábrica institucional" visa o máximo de controle e de eficiência. Daí a importância da individualização, dos registros pessoais, do controle do tempo e espaço, dos castigos normalizadores e das recompensas. Foi elaborado todo um conjunto de técnicas de adestramento sobre o corpo do Cadete PM de forma a torná-lo "dócil e útil".

Apresentaremos a seguir, as técnicas essenciais – disciplinas – utilizadas na fabricação dos indivíduos máquinas e que tornam os seus corpos dóceis na APM e que com sutileza formam aos poucos uma microfísica do poder que toma todo o tecido social. Não se trata apenas de descrevê-las, mas de ater-se aos pormenores das figuras, a fim de perceber como esse mecanismo desfia-se nas estruturas da PMERJ e faz do policial militar um instrumento fácil de ser manipulado.

As disciplinas

As disciplinas são uma mecânica do poder que "[...] define como se pode ter domínio sobre o corpo dos outros, não simplesmente para que façam o que se quer, mas para que operem como se quer, com as técnicas, segundo a rapidez e a eficácia que se determina [...]" (Foucault, 1999, p. 119), são formas do poder disciplinar para controlar os indivíduos e fazer a sociedade funcionar.

Segundo Foucault (1999), as disciplinas são métodos – uma coerção ininterrupta que trata sobre os processos da atividade mais que sobre seu resultado e se exerce em conformidade com uma codificação que esquadrinha ao máximo o tempo, o espaço e os movimentos – que permitem o controle pormenorizado das operações do corpo, que realizam a sujeição constante de suas forças e lhes impõe uma relação de docilidade-utilidade.

Na APM D. João VI, o objeto do controle se dá através da economia e da eficiência dos movimentos, da sua organização interna, essa codificação de esquadrinhamento máximo do tempo, do espaço e dos movimentos que visam a fabricação do futuro oficial policial militar está normalizada através das Normas Gerais de Ação para o Corpo de Alunos da Academia de Polícia Militar D. João VI (NGA APM)[9], aos quais todos os cadetes estão submetidos da maneira que apresentaremos a seguir.

A arte das distribuições – o espaço

Uma das características principais do poder disciplinar é a aplicação das disciplinas sobre a distribuição dos indivíduos dentro do espaço. Segundo Foucault (1999), os procedimentos disciplinares ficam cada vez mais minuciosos. Então a disciplina determinará a distribuição do indivíduo no espaço por meio de técnicas como o princípio da clausura (internato, regime fechado) e a fila (deslocamento em forma, formaturas). Tais técnicas são aplicadas na APM D. João VI, permitindo vigiar o cadete (indivíduo) no espaço físico onde cada um se localiza. Dessa maneira, a clausura (regime de internato) facilita o sistema de vigilância e controle entre os indivíduos.

A clausura estabelece a organização no espaço físico. Na APM D. João VI, por exemplo, há locais determinados para cada tipo de atividade (salas de aula para instruções teóricas, apartamentos para o descanso, biblioteca para estudo, estande de tiro para prática de tiros, quadras esportivas para a educação física, etc.), uma ficha com a matrícula do Cadete PM (RG[10] e numérica[11]), que incluirá sua entrada na APM, seu desempenho acadêmico. Uma série de detalhes que localiza o Cadete PM (indivíduo) e toda a sua trajetória no espaço acadêmico, fazendo-se uma forma de vigilância sem se olhar diretamente o indivíduo.

Segundo Godinho (1995), o princípio do quadriculamento permite controlar a presença e/ou ausência da pessoa (Cadete PM) e permite vigiar o comportamento de cada um. Esse procedimento visa conhecer para dominar e dominar para utilizar. Assim, o quadriculamento permite controlar a rotina do Corpo de Alunos (C.A.) da APM. D. João VI (entradas e saídas da APM, execução das atividades, e ainda, evitar fugas, evasão escolar), situações que prejudicam o bom funcionamento da APM.

As localizações funcionais da APM D. João VI são um meio de utilização do espaço físico de maneira que possibilita observar meticulosamente os cadetes (indivíduos). Cria um espaço útil que oferece a

---

[9] As Normas Gerais de Ação do Corpo de Alunos (C.A.) têm por finalidade complementar, no âmbito do C. A., as instruções e normas vigentes contidas no Regimento Interno e NGA da Academia de Polícia Militar D. João VI, bem como regular as atividades internas específicas do corpo acadêmico.

[10] Registro Geral na PMERJ.

[11] Numérica de entrada na APM D. João VI conforme o ano e classificação de ingresso. Por exemplo, este pesquisador ingressou na Academia no ano de 2001 e em 40º lugar, logo a numérica é "0140" – 01 indicando o ano de ingresso (2001) e 40 indicando a classificação de ingresso (40º lugar).

privacidade, mas que ao mesmo tempo permite a vigilância constante sobre os cadetes (indivíduos). Foucault (1999. p. 123) analisa que:

> A regra das localizações funcionais vai pouco a pouco, nas instituições disciplinares, codificar um espaço que a arquitetura deixava geralmente livre e pronto para vários usos. Lugares determinados se definem para satisfazer não só a necessidade de vigiar, de romper as comunicações perigosas, mas também de criar um espaço útil.

Com isso, o quadriculamento – com suas técnicas de vigilância e controle – implica em uma divisão meticulosa de espaços em subespaços de acordo com o número de corpos. Assim, o espaço é organizado de maneira que priorize e privilegie as estratégias de vigilância e controle inerente à APM D. João VI.

Outra configuração de técnica disciplinar é a fila. As fileiras transformam o espaço no qual são organizados os corpos, de forma homogênea e organizada, em uma ordem que os distribuem no espaço, além de organizá-la, de maneira que também exista uma relação com os outros, como na APM na qual os cadetes são organizados por ordem de altura e separados por turmas.

Forma-se a organização das fileiras em sala de aula para demarcar o indivíduo no espaço acadêmico. E assim, os cadetes são separados por desempenho, variando a sua posição conforme uma hierarquia marcada pelo conhecimento ou capacidade do cadete. Conforme Foucault (2005, p. 126):

> [...] nesse conjunto de alinhamentos obrigatórios, cada aluno segundo sua idade, seus desempenhos, seu comportamento, ocupa ora uma fila, ora outra; ele se desloca o tempo todo numa série de casas; [...] que marcam uma hierarquia do saber ou das capacidades, [...]

A disposição e organização do espaço na APM D. João VI é uma técnica que determina um lugar a cada um, e auxilia o instrutor[12] ou professor no funcionamento da instrução ou aula em relação ao tempo. Possibilita, através da divisão do espaço, uma hierarquização de vigilância e recompensa. Assim, torna possível controlar todos os cadetes e quantificar as atividades desenvolvidas na sala de aula ou no campo de instrução ao mesmo tempo (Foucault, 2005).

Demonstraremos a seguir como as técnicas disciplinares de

---

[12] Oficial militar que instrui, ensina ou adestra os alunos militares.

quadriculamento apresentadas são aplicadas nos diversos espaços da APM D. João VI a fim de tornar dóceis os corpos dos cadetes.

a)   No apartamento

O Apartamento (AP) é o local destinado a alojar os cadetes (geralmente doze cadetes por apartamento), é dividido em apartamentos femininos (na Ala Oeste da APM) e masculinos (nas Alas Leste e Oeste da APM), o quadriculamento no espaço se dá da seguinte forma:

Cada cama deve ser identificada com uma foto do cadete contendo a sua Companhia[13], numérica e nome de guerra – chamado pelos cadetes de "carômetro" (*vide figura 6*). Conforme Nota Instrutiva N° 007 (Academia de Polícia Militar D. João VI, Portaria 001/2010, 2010):

2. A cama deverá ser forrada com 01 (um) lençol, 01 (uma) colcha e 01 (um) cobertor e 01 (uma) fronha, todos com o símbolo da Guarda Real de Polícia - GRP (conforme disponibilidade do Almoxarifado), além do travesseiro. Todos os itens fornecidos pela Academia. (Fig. 01 e 05)

3. O símbolo GRP da colcha deverá estar sobreposto ao GRP do lençol, e ainda distante 01 palmo do início do cobertor e do travesseiro, estando centralizado. (Fig. 01 e 05)

A arrumação das camas deverá obedecer aos seguintes detalhes:

s. O lençol forrará o colchão;

t. A colcha deverá ficar esticada sem rugas, caindo simetricamente para os lados cobrindo o lençol, sendo introduzida lateralmente entre o colchão e o estrado;

u. A manta deverá ser dobrada ao meio, esticada e sem rugas com barras voltadas para o lado da cabeceira, caindo simetricamente para o lado da cama sendo introduzida lateralmente entre o colchão e o estrado;

v. A fronha envolverá o travesseiro que será colocado na cabeceira (sem rugas)

4. Todos os GRP's devem estar alinhados e centralizados. (Fig. 04 e 05)

5. O símbolo GRP do cobertor deverá estar a 01 (um) palmo de distância do início do cobertor (divisa com a colcha), bem como a 01 palmo das laterais. (Fig. 04 e 05)

---

[13] Subunidade comandada, geralmente, por Capitão PM, subordinada ao C.A. No CFO da APM existem três companhias (CIAs): 1ª CIA (alunos do 3° ano do CFO); 2ª CIA (alunos do 2° ano do CFO) e 3ª CIA (alunos do 1° ano do CFO).

6. A foto de identificação da cama do Al Of PM deverá estar no ferro lateral direito da cama, considerando o Aluno Oficial Pm na posição de decúbito dorsal na cama. (Deitado de costas na cama). (Fig. 03)

7. Somente nos casos em que a cama estiver encostada com seu lado direito na parede, a foto deverá ser colocada no ferro lateral esquerdo, considerando a mesma posição do item anterior para o Aluno Oficial PM. (Fig. 02)

8. A foto de identificação deverá estar a 04 (quatro) dedos de distância do final do ferro lateral. (Fig. 03)

9. A fiscalização das camas é responsabilidade do Aluno de Dia ao C.A., porém na sua impossibilidade, por qualquer integrante da equipe de serviço do 3º ano, acompanhado de seu Adjunto.

Figura 1 - Arrumação da cana

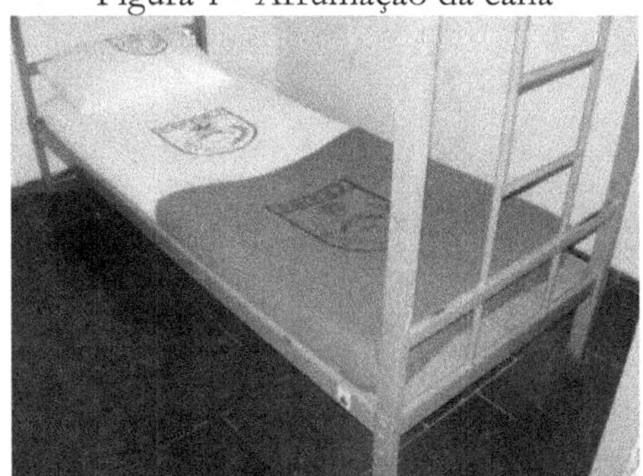

Fonte: Portaria 001/2010, 2010, p. 26.

Figura 2 – Foto no ferro lateral esquerdo da cama

Fonte: Portaria 001/2010, 2010, p. 27.

Figura 3 – Identificação da cama

Fonte: Portaria 001/2010, 2010, p. 27.

Figura 4 – Alinhamento dos símbolos na cama

Fonte: Portaria 001/2010, 2010, p. 27.

Figura 5 – Esquema de arrumação da cama

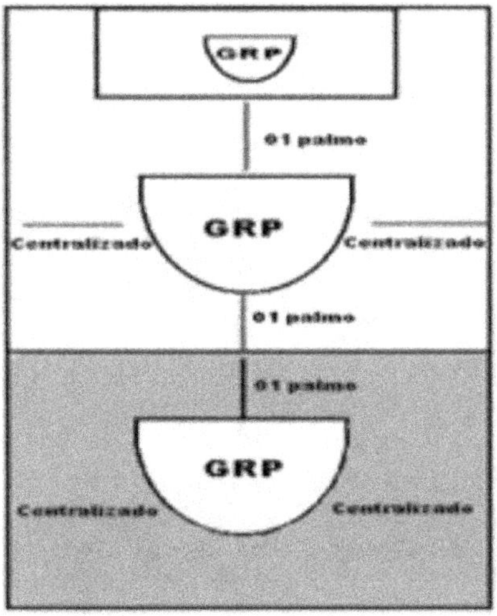

Fonte: (Portaria 001/2010, 2010, p. 27)

Figura 6 - Carômetro

Fonte: O próprio autor.

As toalhas devem ser marcadas com a numérica do cadete no canto inferior esquerdo, paralelamente à franja (NGA APM), e deverão ser colocadas em um cabide preto, dobradas no sentido do comprimento, com a marcação da numérica voltada para frente, e pendurada na maçaneta do respectivo armário do Cadete PM, e ainda deve corresponder com a cor da semana padrão da Companhia (Cia.) ou do C.A. (NGA APM) – vide figura 7.

Figura 7 – toalha azul (cor da semana) identificada e pendurada em cabide preto no armário do respectivo cadete

Fonte: O próprio autor.

Cada armário deve ser identificado com o "carômetro" - constando a Cia., numérica e nome do respectivo Cadete PM (figuras 6 e 8), e de baixo do armário, a sapateira (figura 9), que deve ser organizada conforme Nota Instrutiva N° 006 (Academia de Polícia Militar D. João VI, Portaria 001/2010, 2010):

> 5. O Aluno Oficial deverá manter a sua sapateira alinhada da seguinte maneira:
> I – No espaço abaixo da porta de seu respectivo armário;
> II – Seguindo a ordem: coturno, sapato, tênis preto e chinelo;
> III – Da esquerda para a direita, de frente para traz, com os cadarços e meias em seu interior;
> IV – Na ausência de algum dos calçados, o calçado seguinte ocupará o seu lugar, e assim, sucessivamente ficando o último lugar vago.

Figura 8 – Armários identificados

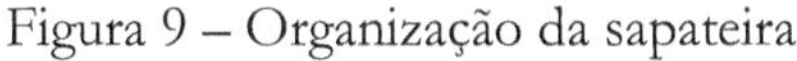

Fonte: O próprio autor.

Figura 9 – Organização da sapateira

Fonte: O próprio autor.

O Chefe de Apartamento, função executada pelos cadetes componentes do Apartamento (AP) em escala semanal, deve zelar pela ordem, conservação e limpeza do Apartamento e registrar qualquer alteração na Folha de Alteração de Apartamento (Figura 10), fixada atrás da porta de entrada do AP, na qual consta o nome e RG do cadete na função de Chefe de Apartamento da semana, na ausência deste, o cadete subsequente na escala mensal de Chefe de Apartamento (figura 10), que deve ficar afixada atrás da porta de entrada do AP, será responsabilizado por qualquer alteração no AP. Conforme (Academia de Polícia Militar D. João VI,

Portaria 001/2010, 2010):

a. Fazer com que os demais componentes do apartamento o mantenham limpo e arrumado;

b. No primeiro dia de expediente da semana, deverá ser preenchido a Folha de Alteração de Apartamento, anotando todas as irregularidades encontradas, entregando-as ao Aluno Oficial P/4 de sua Cia. A mesma medida deve ser tomada todas as vezes que novas alterações surgirem, incluindo nas respectivas folhas, as alterações já participadas e que ainda não tenham sido reparadas;

c. Não permitir que sejam colocadas malas, embrulhos etc, sem autorização, com exceção dos ventiladores de mesa (portáteis), no espaço compreendido entre a parte superior do armário e o teto;

d. Manter a disciplina no apartamento;

e. Não permitir algazarra ou aparelhos sonoros ligados após o toque de silêncio;

f. Não permitir, tendo conhecimento, a existência de quaisquer armas ou objetos de grande valor no interior do apartamento;

g. Verificar a saída dos Alunos Oficiais do apartamento quanto à existência de torneiras ou registros abertos, bem como portas abertas e banheiro com luzes acesas;

h. Não será permitida no interior do Apartamento, a presença de civis e praças, exceto aqueles que estejam executando serviços de reparo / manutenção;

i. Não será permitida no interior do apartamento, a presença de Alunos Oficiais estranhos ao mesmo a não ser quando acompanhados por Alunos Oficiais do apartamento; j. Na ausência do Chefe de Apartamento, o Aluno Oficial mais antigo no momento, será o responsável pela irregularidade observada. Alterado pelo Bol Int da APM n°035, de 11Out2013: Na ausência do chefe de apartamento, o Aluno Oficial subsequente na escala de chefia, será o responsável pelo mesmo. Para tanto, deverá ser afixada escala mensal do serviço na porta do apartamento;

k. Deverá ser observada as condições do varal, bem como sua arrumação e organização (disposição das roupas e toalhas).

l. Deverá participar ao Comando da Companhia qualquer alteração do Alojamento e/ou de seus acessórios, bem como deverá viabilizar imediatamente seu reparo.

Figura 10 – Folha de Alteração de AP e escala mensal de Chefe de AP

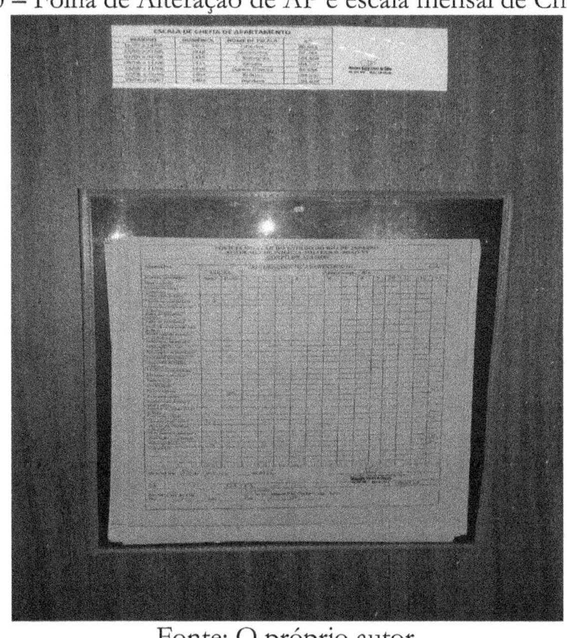

Fonte: O próprio autor.

Segundo Silva (2011), no ano de 2003, a maior causa de extrações de portarias[14] para o 3º ano do CFO foi referente às alterações nos Apartamentos (27,82%). No 2º ano do CFO, as alterações nos Apartamentos foram a segunda maior causa de extrações de portarias (16,25%), já no 1º ano do CFO, essas alterações foram a terceira maior causa de extrações de portarias (11,59%). Ou seja, as técnicas disciplinares de "quadriculamento" utilizadas nesse espaço (Apartamento) são intensamente aplicadas e coercitivas, de maneira tal, que compromete, não somente quem cometeu diretamente a alteração, mas também ao Chefe de Apartamento e, consequentemente, a coletividade. Porém, objetivando incutir o espírito de corpo no indivíduo – Cadete PM.

Ao incriminar o comportamento mal ajustado e individualista

---

[14] Pelo Boletim da PM no 156, de 24 de agosto de 2005, o termo portaria foi alterado para Documento de Razões de Defesa (DRD). Em linhas gerais, não mudou muita coisa para o cadete, pois só padronizou o documento de defesa para todos os policiais militares, oficiais e praças, além de ter ajustado o prazo de resposta de defesa para o Policial Militar - de 48h para os praças e 72h para os oficiais – para 5 dias úteis.

do cadete, com a punição do Chefe, o CA visa estimular o espírito de corpo de uma maneira coercitiva nos cadetes, visando a promover um constrangimento no grupo. Há, inclusive, uma expressão nativa que demonstra a eficácia de tal estratégia: "a merda une". (SILVA, 2011, p. 177).

b)   No Pátio (Deslocamento)

O Pátio da APM D. João VI (figura 11) é o "quadriculamento" onde as técnicas de vigilância e controle são mais perceptíveis por todos os agentes envolvidos ali (oficiais e cadetes), pois é nesse local que os cadetes de todos os três anos do CFO se reúnem logo pela manhã, em contato uns com os outros e com o Oficial PM responsável pela Ed. Física. É no Pátio que é feita a revista de uniforme de cada Cadete PM e a apuração de todo o efetivo de cadetes do CFO. Os cadetes entram em forma, separados em suas Companhias e nos seus respectivos pelotões – cada uma das três Companhias do C.A. tem dois pelotões -, e é apurada a presença, ausência ou falta de cada indivíduo (Cadete PM) pelo Chefe de Turma, auxiliado pelo Subchefe de Turma, que anota todas as alterações e os diversos destinos dos cadetes e os relata a quem de direito. É do Pátio da APM que são efetuados todos os deslocamentos.

Figura 11 – Pátio da APM D. João VI

Fonte: O próprio autor.

Os deslocamentos para a execução das diversas atividades têm seus procedimentos, a serem adotados pelos cadetes, regulados pela Nota Instrutiva N.º 021 (Academia de Polícia Militar D. João VI, Portaria

001/2010, 2010):

> 2. Todos os deslocamentos de Turma, para qualquer atividade, serão realizados em forma, em passo ordinário ou acelerado. O Corpo de Alunos deverá entrar em forma no pátio, sempre que o destino for o auditório, o rancho ou sala de aula. Somente em caso de mau tempo (chuva), a formatura se dará sob as alas.
> 3. Os Chefes de Turma são responsáveis pela apresentação da tropa nos deslocamentos.
> 4. Os Alunos Oficiais que não puderem acompanhar a tropa deverão constituir um grupamento que se deslocará sem cadência, sendo conduzidos pelo Aluno Oficial mais antigo presente.
> 5. O deslocamento para o rancho, no horário de almoço, será realizado em passo ordinário e com o brado característico de cada Cia, exceto as quartas-feiras. No caso do 3º Ano o deslocamento em tropa poderá ser suprimido, após o almoço dos Cem Dias, mediante ordem e avaliação do Cmt de Cia/C.A.

c)   Na Sala de Aula

Na sala de aula – local no qual são ministradas as aulas e instruções aos cadetes – disciplinas e técnicas de quadriculamento são intensamente aplicadas, pois os cadetes têm suas respectivas carteiras identificadas com o "carômetro" (figura 6) no canto superior esquerdo da mesa e atrás da cadeira, o local que essas carteiras ocupam no espaço é organizado conforme a classificação intelectual do Cadete PM, sendo que o cadete melhor classificado em seu Pelotão ocupa a carteira localizada na primeira linha na primeira coluna à esquerda, o segundo melhor classificado ocupa a carteira na primeira linha, na segunda coluna a partir da esquerda e, assim, sucessivamente (figura 12), facilitando a fiscalização e controle dos cadetes por parte dos demais indivíduos (chefes de turma, subchefes de turma, oficiais do C.A., entre os próprios cadetes, etc.), uma vez que a ausência do Cadete PM ou uma postura incompatível com a disciplina por parte deste seria facilmente observável e o local identificável por parte de quem fiscaliza.

Figura 12 – Organização das carteiras em sala de aula

Fonte: O próprio autor.

Pois aos cadetes são aplicadas diversas disciplinas no espaço "sala de aula", onde estão sempre sendo observados pelos professores, instrutores e pelo Chefe de Turma e Subchefe de Turma – responsáveis pela ordem e disciplina do Pelotão em sala de aula-, os procedimentos a serem adotado pelos cadetes nesse espaço quanto à utilização da sala de aula e dos seus equipamentos durante e fora do horário de expediente estão regulamentados pela Nota de Instrução N.º 024 (Academia de Polícia Militar D. João VI, Portaria 001/2010, 2010):

> 2. Os equipamentos da sala de aula (DVD, projetores de multimídia, televisão, videocassete, retroprojetores, etc.) somente poderão ser utilizados para instrução, sendo terminantemente proibido a utilização destes equipamentos para outros fins.
> 3. O Aluno Oficial poderá utilizar computadores portáteis durante as aulas, exclusivamente para fins acadêmicos, não sendo permitido o acesso à internet durante o expediente.
> 4. Fora do horário de expediente o Aluno Oficial poderá utilizar a sala de aula para estudo, dando ciência ao Oficial de Dia.

5. O Aluno Oficial deverá prezar pela sua postura e atitude em sala de aula, providenciando para que o professor seja respeitado em todos os momentos, atentando principalmente as ações de sentar-se disciplinadamente e não dormir, fatos que serão considerados transgressão da disciplina.

6. O Chefe de Turma deve, assim que o professor do meio civil adentrar a sala de aula, dar o comando de "atenção à sala", onde logo após os Alunos Oficiais deverão levantar permanecendo na posição de descansar, o Chefe de Turma cumprimenta o professor informalmente apresentando-lhe as alterações e comanda que todos tomem suas posições para o início da instrução.

7. Os instrutores militares devem receber todas as honras a que têm direito de acordo com o Regulamento de Continências.

d)   No Rancho

O Rancho – local onde são realizadas as refeições dos cadetes –, é um local comum aos cadetes de todos os três anos do CFO. Nesse local, todos os cadetes da APM interagem entre si e entre os oficiais – pois é o mesmo local, separado apenas por área (de oficiais e de cadetes). Logo, é um dos locais de quadriculamento em que as técnicas disciplinares são aplicadas, nós as apresentaremos conforme a Nota de Instrução N.º 10 (Academia de Polícia Militar D. João VI, Portaria 001/2010, 2010):

2. O ingresso no rancho será feito por Cia., respeitando a precedência entre elas, observando-se ordem e disciplina.

3. No interior do rancho, os Alunos Oficiais deverão sentar-se de modo a completar todas as mesas de forma seqüencial, todos da mesa ficarão em pé até que o último Aluno Oficial chegue para completar a mesa.

4. Os Alunos Oficiais deverão realizar suas refeições observando os preceitos da disciplina e hierarquia, no que for aplicável.

5. Os Alunos Oficiais, com exceção da equipe de serviço, não poderão adentrar nas dependências da cozinha.

6. Os Alunos Oficiais estão proibidos de realizarem suas refeições em pé.

7. É proibido aos Alunos Oficiais transitarem pela área correspondente ao rancho dos Oficiais, salvo por determinação de um destes.

8. Não é permitida a retirada do rancho de louças ou de

material de qualquer natureza.

9. Todo Aluno Oficial que estiver praticando qualquer atividade, devidamente autorizado de forma que possa chagar atrasado no rancho, deverá comunicar-se com o Aluno de Dia ao C.A. o qual deverá relacioná-lo para o regresso.

10. Os Alunos Oficiais que, a critério médico, necessitarem de dieta, receberão uma papeleta especificando o tipo da dieta e o período que deverá ser feita. Esta papeleta deve ser encaminhada ao Cmt do C.A., via Cmt de Cia, que, junto ao Chefe da Divisão de Apoio Administrativo da APM D. João VI, providenciará tal dieta.

11. Somente poderão ser servidas refeições fora das dependências do rancho aos Alunos Oficiais impossibilitados de locomoção com prescrição médica de repouso, no alojamento ou na enfermaria. Para tanto um funcionário do setor de aprisionamento conduzirá a refeição do Aluno Oficial ao local.

12. O Aluno Oficial só poderá comparecer ao rancho devidamente uniformizado.

13. Todos os Alunos Oficiais deverão entrar em forma nos horários de refeição, mesmo não constando no vale de rancho, onde serão após apurados dispensados pelo Aluno de Dia ao C.A.

e) Nas dependências em geral

A circulação dos cadetes nas dependências da APM tem uma série de regras e restrições – que são as técnicas disciplinares -, o que normaliza essas limitações é a Nota Instrutiva N.º 09 (Academia de Polícia Militar D. João VI, Portaria 001/2010, 2010):

2. Os Alunos Oficiais, fora do horário de instrução, tem liberdade para circular por todas as dependências a eles destinadas para tal fim.

3. São dependências destinadas aos Alunos Oficiais, o pátio interno, as varandas das alas leste e oeste, o prédio anexo, a sala de estar, o auditório, a cantina, a enfermaria, a biblioteca, as quadras de esporte, o ginásio, a piscina e as salas de aula ou instrução, que poderão ser utilizadas pelos mesmos, a critério próprio, respeitando os demais horários da Academia e do C.A..

4. O fumódromo dos Alunos Oficiais está localizado na parte externa da Academia, entre as barras fixas os quiosques e a

parede da academia, sendo permitido ao Aluno Oficial fumar, somente nesse local, durante os intervalos dos expedientes e após o mesmo.

5. Todo e qualquer afastamento das dependências da Academia deverão estar autorizados, pelo Cmt. do C.A. ou pelo Cmt. da Cia.

6. É proibido aos Alunos Oficiais, adentrar em quaisquer das dependências administrativas da APM D. João VI, por iniciativa própria.

7. Quando for chamado durante o expediente, deverá comparecer àquelas dependências somente no intervalo das instruções e entre o 1º e o 2º períodos de expediente ou após o término deste, após conhecimento do C.A.

8. Em hipótese alguma será permitido aos Alunos Oficiais, com exceção do P/3 de cada Cia. e do Chefe de Turma, dirigir-se a Seção Técnica de Ensino ou à Seção de Meios Auxiliares.

9. É expressamente proibido aos Alunos Oficiais dirigir-se aos apartamentos reservados aos Oficiais, a fim de tratar de qualquer assunto, a menos que seja solicitado;

10. Aos Alunos Oficiais fica proibida a utilização das escadas das alas leste e oeste da Academia, excetuando-se as Alunas Oficiais que ocupam os alojamentos compreendidos entre os alojamentos masculinos e a referida escada e os Alunos Oficiais do 3º ano, após o almoço dos Cem Dias, ou a qualquer tempo, de acordo com determinação do Comando do C.A.

11. Não é permitida a circulação de Alunos Oficiais desacompanhados de Oficiais na Área Vermelha (ALA SUL) da Academia.

O controle da atividade – o tempo

Para Foucault, o controle da atividade requer saber utilizar corretamente o tempo, através de uma rotina de horários rígidos de trabalho (repetitivos e constantes). Pois se trata da construção de um tempo integralmente útil (sem desperdícios). Logo, o horário se constitui em um importante mecanismo do poder disciplinar.

Foucault (1999) nos explica que o horário se originou nos monastérios e se disseminou rapidamente. Os processos de regularização do tempo (herança das práticas religiosas) passaram a especificar e dividir o tempo –

contando os quartos de hora, os minutos e os segundos. Associados à organização do espaço, podemos observar o controle do tempo que regulamenta a rotina, além de determinar as atividades. Isso ocorre no Corpo de Alunos (C.A.) da APM D. João VI pela necessidade da otimização do tempo para que os cadetes sejam mais produtivos e pela necessidade do bom comportamento dos mesmos para uma melhor aprendizagem. Pois conforme observado por Foucault (1999, p. 130): "No bom emprego do corpo, que permite um bom emprego do tempo, nada deve ficar ocioso ou inútil: tudo deve ser chamado a formar o suporte do ato requerido".

Os cadetes da APM D. João VI vivem em regime de internato, ou seja, permanecem 24h por dia na Academia, o licenciamento para sair aos finais de semana ou às quartas-feiras após o expediente é uma concessão do comando da Unidade. O tempo é marcado através de toques de corneta, sirene e boca de ferro[15], dependendo da atividade a ser marcada.

Faremos uma apresentação do tempo dos cadetes na APM D. João VI - dos horários e atividades rotineiras do C.A. nos dias úteis, sábados, domingos e feriados.

Quadro 1: Horários e atividades rotineiras do C.A de segunda-feira à quinta-feira.

De segunda-feira à quinta feira	
Alvorada	05h30min
Desjejum	05h30min às 0600h
Início da instrução de Educação Física	0600h
Café da manhã	07:30h às 07h50min
Parada diária do C.A.	07h50min
Primeiro tempo de instrução	08h10min às 0900h
Segundo tempo de instrução	09h05min às 09h55min
Terceiro tempo de instrução	10h05min às 10h55min
Quarto tempo de instrução	1100h às 11h50min
Almoço	11h50min
Formatura para o início do segundo expediente	13h10min
Quinto tempo de instrução	13h20min às 14h10min
Sexto tempo de instrução	14h15min às 15h05min
Sétimo tempo e instrução	15h15min às 16h05min
Oitavo tempo de instrução	16h10min às 1700h
Jantar	1900h

---

[15] Boca de ferro é o termo empregado nos quartéis para o equipamento de amplificação e distribuição de som, destinado a transmitir ordens verbais.

Revista do recolher	2100h
Ceia	21h10min
Silêncio	2200h
Fechamento do Anexo	2300h

Fonte: O próprio autor.

Os alunos que participam voluntariamente da assistência religiosa às quartas-feiras têm prioridade de ingresso no rancho, ao término do quarto tempo de instrução.

O Comandante da APM D. JOÃO VI pode programar instruções após às 17h, de acordo com as necessidades estabelecidas pela Divisão de Ensino.

Quadro 2: Horários e atividades rotineiras do C.A de sexta-feira.

Sexta-feira	
Alvorada	05h30min
Desjejum	05h30min às 0600h
Início da instrução de Educação Física	0600h
Café da manhã	07:30h às 07h50min
Parada diária do C.A.	07h50min
Primeiro tempo de instrução	08h10min às 0900h
Segundo tempo de instrução	09h05min às 09h55min
Terceiro tempo de instrução	10h05min às 10h55min
Quarto tempo de instrução	1100h às 11h50min
Almoço	1300h
Jantar	1900h
Revista do recolher	2100h
Ceia	21h10min
Silêncio	2200h
Fechamento do Anexo	2300h

Fonte: O próprio autor.

O Comandante da APM D. JOÃO VI pode programar instruções após as 13h, de acordo com as necessidades estabelecidas pela Divisão de Ensino.

Quadro 3: Horários e atividades rotineiras do C.A nos sábados, domingos e feriados.

sábados, domingos e feriados	
Alvorada	0600h
Café da manhã	0700h

Almoço	11h30min
Jantar	18h30min
Revista do recolher	2100h
Ceia	21h10min
Silêncio	2200h
Fechamento do Anexo	2300h

Fonte: O próprio autor.

O Comandante da APM D. JOÃO VI pode programar instruções aos sábados, domingos e feriados, de acordo com as necessidades estabelecidas pela Divisão de Ensino.

É nesse controle temporal e espacial – exercido pelos procedimentos disciplinares – que funciona o poder disciplinar. Em tal condição disciplinar, o corpo dos cadetes (submetidos às técnicas de vigilância e controle) vai sucessivamente se tornando um corpo dócil e útil.

Dessa maneira, a função da disciplina (que se apropria do corpo com o intuito de tirar dele o máximo possível) é diferente da função do suplício (que tortura e destrói o corpo).

O Panoptismo

O panoptismo, a partir da obra *O Panóptico* de Bentham (2008), segundo Foucault (1999) é um dispositivo de poder baseado na vigilância e no controle. O panóptico[16] tem a capacidade de entrar no comportamento do sujeito, funciona como um "laboratório do poder" que descobre objetos fundamentais para o aumento do saber sobre as técnicas do poder disciplinar.

Este dispositivo funciona por meio da visibilidade e da localização dos corpos no espaço, faz com que o sujeito se sinta controlado pela força do olhar de quem o observa, uma vez que o observador parece estar constantemente observando os indivíduos. Conforme Foucault:

[...] daí o efeito mais importante do Panóptico: induzir no

---

[16] O Panóptico é uma prisão cuja arquitetura é da seguinte forma: ao redor de uma torre cheia de janelas é construído um conjunto de celas em forma de anel que terão as janelas da torre direcionadas para a parte interna desse anel. Cada cela terá duas janelas, uma na parte externa e outra na parte interna do anel, que será correspondente às janelas da torre. Isso será necessário para que a luz que atravessa a cela chegue até a torre e então é só colocar um vigia na torre central que ele terá uma visão privilegiada do sujeito que está sendo vigiado. (FOUCAULT, 1999).

detento um estado consciente e permanente de visibilidade que assegura o funcionamento automático do poder. Fazer com que a vigilância seja permanente em seus efeitos, mesmo se é descontinua em sua ação; que a perfeição do poder tenda a tornar inútil a atualidade de seu exercício; que esse aparelho arquitetural seja uma maquina de criar e sustenta uma relação de poder independente daquele que o exerce: enfim, que os detentos se encontrem presos numa situação de poder de que eles mesmos são os portadores. (FOUCAULT, 1999, p. 163).

Na APM o panóptico torna desnecessário o uso de força bruta para obter o controle dos cadetes, uma vez que o Cadete PM é induzido a se sentir vigiado, mesmo quando não está sendo observado por ninguém. Silva descreve bem a arquitetura da APM D. João VI:

> Grades metálicas e blocos de alvenaria delimitam o prédio principal. Em seu interior descoberto há um pátio para onde as janelas se voltam, lembrando o "princípio da inspeção" utilitária de um "panóptico benthamiano" dentro da mesma lógica das "instituições de sequestro". Ao mesmo tempo em que é o local em que a maior parte das rotinas dos cadetes acontece, pelo menos as mais públicas e coletivas, o pátio é também o palco em que as principais cerimônias da APM são promovidas.
>
> O prédio principal possui uma área de aproximadamente 500 mil metros quadrados distribuída pelas quatro alas de dois andares. No térreo, a Ala Leste é reservada para as salas de aula e possui um corredor que as interligam a um prédio secundário, anexo ao principal. Na Ala Sul, estão o pórtico principal, a administração do Corpo de Alunos (CA) e algumas salas reservadas ao setor de psicologia. Na Ala Norte, ao lado de um pórtico secundário, fica a Reserva do Armamento. E na Ala Oeste, estão o rancho, o auditório e alguns gabinetes médicos.
>
> No segundo andar do quadrilátero principal ficam os alojamentos dos cadetes que se distribuem da seguinte forma: os do Primeiro-ano ficam na Ala Leste e os do Segundo-ano, entre as Alas Leste e Sul. Os alunos do Segundo-ano, que eventualmente sobram dessa divisão original, podem ocupar apartamentos na Ala Oeste, mas esta é reservada originariamente para os alojamentos dos "veteranos" do Terceiro-ano. O fato de os cadetes mudarem de ala quando "passam de ano" no CFO não diz respeito apenas a uma

divisão racional do espaço físico, mas indica também uma diferenciação simbólica das posições sociais que seus grupos vão ocupando na estrutura da APM, a medida que avançam em sua socialização, como veremos adiante. A passagem entre essas divisões físicas, portanto, representa também mudança de estado social.

No prédio anexo ficam a Sociedade Acadêmica Tiradentes (SAT) e a Biblioteca. Há outras dependências da APM que estão fora do quadrilátero original, mas dentro ainda dos limites da Fazenda, como a piscina, o campo de futebol e um ginásio poliesportivo, que ficam a leste do prédio principal, e um outro campo de futebol e o *stand* de tiro, do lado oeste. (SILVA, 2011, p. 66-67).

A fim de tornar mais fácil a vigilância dos cadetes e a sensação de vigilância por parte destes, as portas de todas as salas de aula são ao fundo e de vidro (figura 13) e todos os Apartamentos têm janelas do tipo basculante que percorre toda a extensão do AP - exceto os banheiros - voltadas para o interior da APM (figura 14) e facilmente acessadas por qualquer um nas Alas, aumentando assim, a sensação de vigilância – mesmo nos APs, onde os cadetes poderiam estar mais relaxados.

Figura 13 - Porta de vidro da sala

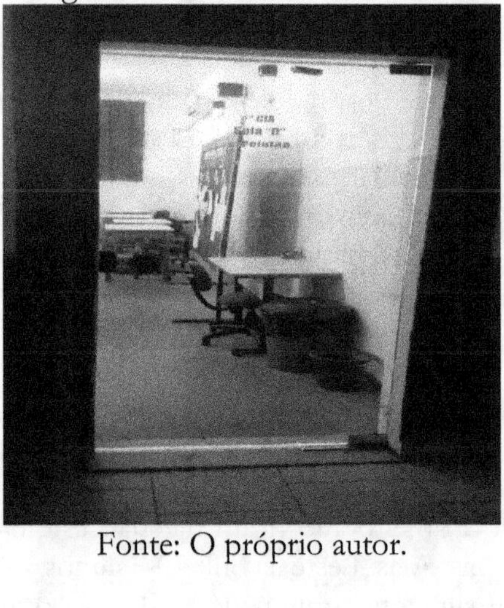

Fonte: O próprio autor.

Figura 14 – Basculantes dos APs

Fonte: O próprio autor.

Esse dispositivo de poder se tornou indispensável não só na APM, mas também em todas as escolas de formação da PMERJ, uma vez que Foucault (1999, p. 168) diz que "o Panóptico pode ser utilizado como maquina de fazer experiências, modificar o comportamento, treinar ou retreinar os indivíduos", e sua utilização amplia-se aos quartéis da Corporação, no qual o controle sobre o comportamento dos policiais militares se faz necessário. Portanto, essa "máquina panóptica" mostra sua ciência não só na APM, como também em toda a PMERJ, onde a vigilância se torna uma constância entre todos os policiais militares nas diversas unidades.

3 OS RECURSOS PARA O BOM ADESTRAMENTO

O poder é simplista, não é uma coisa majestosa, concentrada, intransponível. Certamente é obscuro, mas ao menos é aberto, franco, talvez até modesto. Aqui se quebra o modelo de poder que emana de uma torre central ou do salão real. O poder passa, ele flui, não é um ponto, são linhas. Por isso podemos dizer que não há distância entre nós e o poder, somos seu ponto de resistência e ao mesmo tempo fonte de propagação.

Na APM D. João VI, assim como em toda a PMERJ, as práticas avaliativas são dispositivos de vigilância permanente e de bom adestramento docilizando corpos e mentes, há um constante jogo de poder/saber que se evidencia na avaliação: desde a sujeição dos cadetes - policiais militares- às regras estabelecidas na e pela APM (NGA APM), até a circunscrição do que é permitido, ou não permitido, pela PMERJ a fim de tornar algo em saber acadêmico. Examina-se como as práticas avaliativas de sujeição e de resistência operadas pelo entrecruzamento de tecnologias de si e relações de poder, interferindo na constituição de subjetividades.

Toda essa disciplina implica em vigilância hierárquica, sanção normalizadora e exame como formas por excelência dos corpos e das mentes, conforme Foucault:

> O sucesso do poder disciplinar se deve sem dúvida ao uso de instrumentos simples: o olhar hierárquico, a sanção normalizadora e sua combinação num procedimento que lhe é específico, o exame. (FOUCAUL, 1999, p. 143).

A Vigilância Hierárquica

Na APM, existe toda uma arquitetura para a observação do Cadete PM[17]: janelas, espaços, distribuições, concentrações. Contrariando a forma de círculo, de onde o poder ficaria no centro, existe uma pirâmide, de onde cada um sabe sua posição, mas pode observar o andar de baixo, um microscópio do comportamento. Ao mesmo tempo discreto e indiscreto esta forma de poder procura criar corpos competentes, obedientes e morais. Quanto maior o número de cadetes (policiais militares), quanto maior a divisão de trabalho, maior a vigilância hierárquica, maior o número de funções. Aparentemente menos violento e corporal, mas na verdade, absolutamente físico e formalizador.

A vigilância hierárquica do C.A.

O C.A. é comandado por Major PM, e separado em cinco companhias: 1ª Cia – 3º ano do CFO; 2ª Cia – 2º ano do CFO; 3ª Cia – 1º ano do CFO; 4ª Cia QOA/QOE e 5ª Cia – EPAO, comandadas por Capitão PM (ou 1º Tenente PM na falta de capitão). Porém, para fins deste estudo, consideraremos apenas as companhias do CFO, por ser esse um curso regular na APM.

A fim de assessorar o Comandante de Companhia na administração da rotina interna, no controle dos serviços, e responsabilidades, cada Oficial escolhe seis cadetes para comporem o Estado Maior de sua Companhia.

a) O Estado Maior das Companhias

O Oficial Comandante de Companhia é o responsável por todas as atividades executadas pelos cadetes que exercem a função de Estado Maior nas Companhias, sendo os cadetes, coadjuvantes dos Oficiais para fins de treinamento.

No Estado Maior das Companhias, os cadetes exercem as seguintes funções estabelecidas pela NGA (Academia de Polícia Militar D. João VI, Portaria 001/2010, 2010): Secretário; P/1; P/3; P/4; P/5 e SsJD.

• *Secretário*: é o auxiliar imediato do Comandante de Companhia na apuração da frequência dos cadetes nas instruções e na escrituração da Cia.

• *P/1*: é o responsável pela coordenação e controle das atividades relacionadas com as escalas de serviço da Companhia.

---

[17] vide o O Panoptismo no capítulo 2.

- *P/3*: é o responsável pela parte de comunicação dos cadetes com a Divisão de Ensino da APM.

- *P/4*: é o responsável pela solicitação e conservação de materiais e instalações de uso da Companhia.

- *P/5 (Relações Públicas)*: é o responsável pelos assuntos referentes às atividades de comunicação social da Companhia.

- *SsJD*: é o responsável pelos assuntos referentes às atividades de controle dos assuntos de justiça e disciplina.

O Cadete PM (Aluno Oficial) concorre a título de aprendizagem a determinados serviços previstos em normas e regulamentos, e outros característicos do C.A., conforme a NGA APM, são eles: Coadjuvante ao Oficial de Dia; Aluno de Dia ao C.A.; Aluno de Dia ao Anexo; Auxiliar do Coadjuvante ao Oficial de Dia; Adjunto ao Aluno de Dia; Adjunto ao Aluno de Dia ao Anexo; Comandante da Guarda; Plantão; Chefe de Turma; Subchefe de Turma; e Chefe de Apartamento.

O serviço de *Oficial de Dia* excepcionalmente pode, a critério do Comandante da APM, ser executado por um Cadete PM do 3º ano do CFO, e terá duração de vinte e quatro horas (24h). Ao Oficial de Dia cabe às atribuições constantes no Regulamento Interno e dos Serviços Gerais – R1 (RISG) no que for aplicável à PMERJ, uma vez que o RISG é um regulamento do Exército Brasileiro (EB) adotado pela Corporação[18], devendo ser observado o período das aulas para que o Cadete PM escalado nesse serviço não deixe de frequentá-las. O Oficial de Dia é o representante do Comandante da Unidade fora do expediente e deve assegurar o exato cumprimento das ordens da unidade e das disposições regulamentares relativas ao serviço diário. Nos casos em que o serviço de Oficial de Dia seja tirado por Cadete PM do 3º ano do CFO, o Comandante da APM escala um Oficial PM de Fiscal de Dia[19] ou de Sobreaviso[20].

Apresentaremos, a seguir, os serviços e funções pertinentes a cada ano do CFO de acordo com as suas companhias, conforme a NGA (Academia de Polícia Militar D. João VI, Portaria 001/2010, 2010).

---

[18] Para fins dessa pesquisa, entenderemos Corporação como Polícia Militar do Estado do Rio de Janeiro.

[19] Conforme o artigo 197 do RISG: "Quando o serviço for o de Fisc Dia, este terá todas as atribuições do Of Dia durante a sua permanência no quartel, passando-as ao auxiliar durante sua ausência, só se tornando responsável, daí em diante, pelos fatos para cuja solução for solicitado pelo auxiliar".

[20] Conforme o artigo 462 do RISG, a ordem de sobreaviso determina a situação na qual, neste caso, o oficial prevenido da possibilidade de ser chamado para o desempenho de qualquer missão extraordinária.

b)   1ª Cia

• *Coadjuvantes ao Oficial de Dia*: o serviço é executado por Cadete PM do 3º ano do CFO e tem a duração de 24h a partir das 8h da manhã, escalado diariamente. Sua missão é desempenhar as funções e tarefas peculiares ao Oficial de Dia, que lhe forem atribuídas pelo Oficial de Dia, à exceção daquelas que são atribuições exclusivas de Oficiais, conforme Leis, Normas e Regulamentos.

• *Aluno de Dia ao C.A.*: o serviço é executado por Cadete PM do 3º ano do CFO e tem a duração de 24h a partir das 8h da manhã, escalado diariamente. É responsável pela disciplina, manutenção e fiscalização do cumprimento das prescrições regulamentares e ordens em vigor nas dependências da APM utilizadas pelos cadetes, entre outras previstas na NGA.

• *Aluno de Dia ao Anexo*: o serviço é executado por Cadete PM do 3º ano do CFO e tem a duração de 24h a partir das 8h da manhã, escalado diariamente. É responsável pela carga do prédio anexo, bem como pela conservação e limpeza dele. Identifica e se responsabiliza pela presença de cadetes que permaneçam após as 22h até às 23h. Inspeciona as instalações anexas à APM (estande de tiro, parque aquático e ginásio) por no mínimo duas vezes.

Sobre essa vigilância hierárquica relacionada ao poder, Silva (2011, p. 170) nos diz:

> Os cadetes do Terceiro-ano tiram serviços de Aluno Oficial de Dia e de Aluno (ou Cadete) de Dia ao CA que, dentro do sistema de representações nativo, são os serviços mais valorizados. Pelo fato de necessitarem exercitar cada vez mais o comando e a liderança durante o período de formação, eles têm nessa oportunidade a chance de experimentar provisoriamente um *status* de oficial. Pareceu-me que, aliado a esse treinamento, havia também a vontade de obterem antecipadamente o poder que têm os oficiais para que, assim, pudessem punir potenciais concorrentes naquele campo de disputas [...]

c)   2ª Cia

• *Auxiliar do Coadjuvante ao Oficial de Dia*: o serviço é executado por Cadete PM do 2º ano do CFO e tem a duração de 24h a partir das 8h da manhã, escalado diariamente. Além de observar o artigo 164 do RISG no que for aplicável à APM, deve: organizar, confeccionar e concorrer à escala de velório no Corpo da Guarda da APM, submetendo-a ao visto do Oficial de Dia; fazer a ligação entre o Oficial de Dia e os Alunos Oficiais, sempre que aquela autoridade assim determinar, através do Aluno de Dia ao C.A.; sempre que qualquer pessoa venha visitar algum Cadete PM, conduzir o visitante à sala do Aluno de Dia ao C.A., e ali apresentá-lo ao Aluno de Dia, a quem compete providenciar a presença do Cadete PM visitado; apresentar-se aos cadetes do 3º ano de serviço por ocasião de início do mesmo e inteirar-se das ordens em vigor; receber e controlar o claviculário no Corpo da Guarda da APM, lançando no tópico específico do Livro de Partes Diárias (LPD) as quantidades de chaves recebidas e repassá-las ao seu sucessor, com ou sem alterações; ter ciência das viaturas disponíveis no Quartel (viaturas leves e pesadas); ler o Boletim Interno à toda APM através do alto-falante (boca de ferro) no início do 2º expediente; conduzir a bandeira Nacional durante a parada diária; assistir a passagem de serviço da Guarda; conferir as praças de serviço (motoristas, corneteiros, aprovisionador etc.); entregar na Secretaria, o LPD do Oficial de Dia e os respectivos documentos destinados à APM D. João VI até às 08h da manhã; concorrer à escala de velório: 00h às 02h; confeccionar o LPD do Oficial de Dia.

• *Adjunto ao Aluno de Dia ao C.A.*: o serviço é executado por Cadete PM do 2º ano do CFO e tem a duração de 24h a partir das 8h da manhã, escalado diariamente. E o Cadete PM nesse serviço deve: apresentar-se ao Aluno de Dia ao C.A., bem como aos demais cadetes do 3º ano de serviço, na hora prevista para o início do serviço e inteirar-se das ordens em vigor; transmitir as ordens que receber do Aluno de Dia e inteirar-se da sua execução; conferir a carga da sala do Aluno de Dia ao C.A.; relacionar os cadetes que desejam visita médica no horário de Educação Física; comparecer ao rancho sempre que o mesmo estiver sendo usado por cadetes; conduzir o pavilhão Estadual durante a parada diária; assistir a passagem de serviço da Guarda; secundar o Aluno de Dia ao C.A., por iniciativa própria, na fiscalização da execução das ordens em vigor, relativas ao serviço; conhecer os deveres do Aluno de Dia ao C.A.; confeccionar a Previsão de Rancho para todo C.A. com antecedência de 24 horas (podendo ser entregue até o início do 1º "intervalão"), submetendo a aprovação do Comandante do C.A., em três vias. Uma para o C.A., outra para o rancho e a última remetida via LPD; confeccionar o LPD de Aluno de Dia ao C.A.; realizar a partir das 08h e 13h até o início das aulas a ligação de todos os aparelhos de ar condicionado das salas de aula que forem utilizadas pelo Corpo de Alunos, efetuando os respectivos desligamentos ao término das aulas dos 1º e 2º expedientes; concorrer à escala de velório: 04h às 06h; providenciar e disponibilizar as Listas de Regresso das Companhias, em dias de regresso, deverá conferi-las na passagem de serviço, remetê-las na passagem de documentos do LPD do Aluno de Dia ao C.A., lançando no LPD todas as alterações encontradas.

• *Adjunto ao Aluno de Dia ao Anexo*: o serviço é executado por Cadete PM do 2º ano do CFO e tem a duração de 24h a partir das 8h da manhã, escalado diariamente. E o Cadete PM nesse serviço deve: apresentar-se ao Aluno de Dia ao Anexo, bem como aos demais cadetes do 3º ano de serviço, na hora prevista para o início do serviço e inteirar-se das ordens em vigor; transmitir as ordens que receber do Aluno de Dia ao Anexo e inteirar-se da sua execução; assistir a passagem de serviço da Guarda; secundar o Aluno de Dia ao Anexo, por iniciativa própria, na fiscalização da execução das ordens em vigor, relativas ao serviço; conhecer os deveres do Aluno de Dia ao Anexo; confeccionar o LPD do Aluno de Dia ao Anexo.

• *Comandante da Guarda*: o serviço é executado por Cadete PM do 2º ano do CFO e tem a duração de 24h a partir das 8h da manhã, escalado diariamente. A passagem de serviço é realizada às 8h, obedecendo ao RISG no que for aplicável à APM. E deve: organizar e confeccionar o formulário de viaturas de outras unidades que pernoitaram na APM D. João VI; organizar e confeccionar o formulário de viaturas da APM D. João VI; confeccionar o LPD, anotando todo o desenrolar de serviço; confeccionar a escala de velório dos Plantões; buscar e remeter ao C.A. os LPD referentes ao seu próprio serviço e os referentes aos serviços de Aluno de Dia ao Anexo e Aluno de Dia ao C.A.; receber e encaminhar toda a correspondência, revistas e jornais destinados aos cadetes, a Sociedade Acadêmica Tiradentes (SAT) e ao C.A.; apresentar-se aos cadetes do 3º ano de serviço, por ocasião de início do mesmo e inteirar-se das ordens em vigor; Ao ser anunciado o café da manhã, procura o Cadete Padrão[21] ou o mais antigo, pergunta qual será o uniforme do dia e anuncia ao CFO; sempre colocar a Guarda em forma para as rotinas da APM D. João VI (Bandeira, almoço, passagem de serviço, jantar, pernoite); supervisionar o serviço dos plantões; atentar para o acendimento das luzes, ao anoitecer e o apagar das mesmas na alvorada ou ao clarear; fazer a passagem de serviço no intervalo de 09h:55min à 10h:05min; concorrer à escala de velório: 02h às 04h.

d)   3ª Cia

---

[21] O Cadete Padrão, escolhido pelo Conselho Escolar entre os três primeiros colocados do 2º para o 3º ano da Academia, tem dentro do Corpo de Alunos as honras de Oficial e é representante dos demais cadetes da APM junto ao Comando do C.A., ao qual pode dirigir-se, diretamente para tratar de assuntos concernentes à APM e aos cadetes. Auxilia os Oficiais do C.A. na sua ação disciplinada sobre os demais cadetes. Tem precedência hierárquica sobre todos os cadetes da Academia, inclusive os de serviço, a exceção do Oficial de Dia. (NGA, 2010).

• *Plantão*: o serviço é executado por Cadete PM do 1º ano do CFO e tem a duração de 24h a partir das 8h da manhã, escalado diariamente. Mas, de fato, o início do plantão se dá as 17h (de segunda à quinta-feira) e às 12h (na sexta-feira), após o término das aulas, e às 8h (nos sábados, domingos e feriados). E deve: apresentar-se ao Aluno Oficial Comandante da Guarda por ocasião da assunção de serviço; conservar a limpeza e ordem na área sob sua responsabilidade; comunicar ao Comandante da Guarda qualquer irregularidade constatada em quaisquer dos setores que estiver sob sua responsabilidade, inclusive nos apartamentos das alas; todas as vezes que um Oficial PM ou Cadete PM do 3º ou 2º ano que esteja de serviço, aproximar-se, apresentar-se-á e declinará a função que está exercendo, esclarecendo se há ou não alterações de serviço; impedir a entrada de pessoas estranhas em qualquer apartamento sob qualquer pretexto; usar obrigatoriamente a prancheta, com suas respectivas planilhas para preenchimento. O Plantão do estacionamento deve atentar para que as vagas destinadas aos Oficiais e do Estado Maior da APM não sejam ocupadas por outros veículos e nem tenham seus acessos e saídas obstruídos. Deve também realizar rondas ininterruptas pelo estacionamento dos oficiais e cadetes, verificando os veículos e atentando para qualquer pessoa não autorizada a permanecer no local, mesmo cadetes. O Plantão do estacionamento deve permanecer na entrada do estacionamento da APM próxima à grade, no horário de 06h as 08h, identificando os Policiais Militares que adentrarem àquele estacionamento. O plantão deve atentar para que todos os automóveis estejam com os adesivos nos para-brisas fornecidos pela P/2 da APM. A equipe de serviço do 1º ano deve regar, diariamente, os jardins internos e externos, da APM, após o término do expediente.

e)   Serviços afeto a todas as Companhias

• *Chefe de Turma*: a função é executada por Cadete PM do próprio pelotão em escala semanal, possui precedência funcional aos demais companheiros de turma, mesmo sendo mais moderno. A passagem de serviço é no segundo intervalo do primeiro expediente após o regresso da Cia do final de semana. Ao Chefe de Turma compete: providenciar para que sejam mantidos o controle e a disciplina, nos locais de aula/instrução; apresentar a turma ao instrutor ou Oficial que entrar no local de instrução ou dele se retirar, participando-lhe qualquer irregularidade da turma; postar a turma de forma respeitosa e informar ao professor se há ou não alterações para que se dê início à aula; comparecer ao C.A. para dar esclarecimento ao Comandante da Cia. quando houver falta de instrutor ou professor; escriturar toda documentação exigida pelas normas em vigor bem como aquelas emanadas pelo Comandante de Companhia; confeccionar o Pernoite[22] da Companhia, que deverá ser entregue ao Comandante de Companhia. Até às 15h15min (antes do início do sétimo tempo); no caso de haver mais de um pelotão por Cia., os mesmos se alternarão na confecção dos pernoites relativos à semana de sua chefia; comparecer ao C.A. durante os intervalos de instrução a fim de receber instrução do Comandante de Companhia, e fora desses, somente por solicitação dos Oficiais do C.A.; comunicar todas as alterações ocorridas com o patrimônio sob sua responsabilidade; zelar para que todos os cadetes permaneçam em sala de aula aguardando o instrutor; colocar o pelotão em forma por ocasião de todas as formaturas e/ou atividades da APM; conduzir todas as dúvidas e problemas dos integrantes do pelotão ao Comandante de Companhia.

- *Subchefe de Turma*: é o auxiliar do Chefe de Turma, a ele compete: substituir o Chefe de Turma na sua ausência; Providenciar com 24 horas de antecedência a Previsão de Rancho dos cadetes do seu pelotão, devendo ser entregue ao Adjunto ao Aluno de Dia; providenciar, mediante contato prévio com os professores e instrutores, os meios auxiliares para aula (data show, retro projetor etc.); atender todas as solicitações e necessidades do instrutor ou professor no âmbito do local da instrução/aula; providenciar giz e a limpeza do quadro antes da chegada do instrutor na sala de aula; zelar pela limpeza e conservação da sala de aula; verificar, após o término do último tempo de instrução, se as luzes da sala de aula estão apagadas, quadro "negro" e branco apagado e se as carteiras / mesas e cadeiras estão arrumadas e alinhadas.

- *Chefe de Apartamento*: a função é executada pelos cadetes que compõem o Apartamento, obedecendo escala semanal. A ele compete: fazer com que os demais componentes do apartamento os mantenham limpo e arrumado; no primeiro dia de expediente da semana, deverá preencher a Folha de Alteração de Apartamento, anotando todas as irregularidades encontradas, entregando-a ao Cadete P/4 de sua Cia. A mesma medida deve ser tomada todas as vezes que novas alterações surgirem, incluindo nas respectivas folhas, as alterações já participadas e que ainda não tenham sido reparadas; não permitir que sejam colocadas malas, embrulhos etc., sem autorização, com exceção dos ventiladores de mesa (portáteis), no espaço compreendido entre a parte superior do armário e o teto; Manter a disciplina no apartamento; não permitir algazarra ou aparelhos sonoros ligados após o toque de silêncio; não permitir, tendo conhecimento, a existência de quaisquer armas ou objetos de grande valor

---

[22] Pernoite é o documento, confeccionado pelos Chefes de Turma, das Companhias, passado diariamente, que se destina à comprovação da presença das praças e cadetes relacionados para a revista do recolher (inspeção realizada antes do toque de silêncio).

no interior do apartamento; verificar a saída dos cadetes do apartamento quanto à existência de torneiras ou registros abertos, bem como portas abertas e banheiro com luzes acesas; não permitir no interior do Apartamento, a presença de civis e praças, exceto aqueles que estejam executando serviços de reparo / manutenção; não permitir no interior do apartamento, a presença de cadetes estranhos ao mesmo a não ser quando acompanhados por cadetes do apartamento; observar as condições do varal, bem como sua arrumação e organização (disposição das roupas e toalhas); participar ao Comando da Companhia qualquer alteração do Alojamento e/ou de seus acessórios, bem como deverá viabilizar imediatamente seu reparo.

A Sanção Normalizadora

A partir daqui, olharemos para a instituição PMERJ como um todo, já que as normas, regulamentos, portarias, etc. são aplicados no âmbito de toda a Corporação.

Ao mesmo tempo em que se olha, cria-se todo um mecanismo penal para os comportamentos. Forma-se um aparelho de micropenalidades em torno do Policial Militar (indivíduo) sujeito à PMERJ: "privações ligeiras e pequenas humilhações morais" (Foucault, 1999, p.149). O modelo ideal de Policial Militar é estipulado, uma dívida eterna para aquele que nunca poderá se enquadrar em um modelo ideal e inexistente. A avaliação é dos atos, mas a nota é para o Policial Militar (indivíduo) como um todo. O castigo é essencialmente corretivo, portanto, repetitivo, "castigar é exercitar" (Foucault, 1999, p. 150). São duas as consequências: distribuição segundo as aptidões (pontos positivos e negativos, condecorações e medalhas), e submissão ao modelo. Os efeitos se dão por etapas: comparar os policiais militares (indivíduos); os diferenciar de acordo com as suas aptidões; medir e hierarquizar; coagir os que não se enquadram, e traçar limites entre o aceitável e o inaceitável, normal e anormal.

Em toda a Polícia Militar do Estado do Rio de Janeiro – um sistema disciplinar – funciona além do Código Penal Militar – CPM (Decreto-lei n.º 1.001/69) – que é atinente a todas as instituições militares brasileiras-, um pequeno mecanismo penal, que nas palavras de Foucaul (1999, p. 149), diz:

> Na essência de todos os sistemas disciplinares, funciona um pequeno mecanismo penal. E beneficiado por uma espécie de privilégio de justiça, com suas leis próprias, seus delitos especificados, suas formas particulares de sanção, suas instancias de julgamento. As disciplinas estabelecem uma

"infra penalidade"; quadriculam um espaço deixado vazio pelas leis; qualificam e reprimem um conjunto de comportamentos que escapava aos grandes sistemas de castigo por sua relativa indiferença.

Das leis próprias

Além do CPM, como "leis próprias", a PMERJ tem uma série de regulamentos, portarias e estatutos que visam normalizar as condutas de seus policiais militares – recompensar os "normais" e punir os "anormais" – que praticam condutas desviantes. Dentre as várias codificações das normas, as principais são:

Estatuto dos Policiais Militares do Estado do Rio de Janciro (Lei n.º 443/81)

O Estatuto versa sobre toda a atividade policial militar de maneira geral, das:

- *Generalidades*: do ingresso na Polícia Militar; da hierarquia e da disciplina; do cargo e da função policiais militares.
- *Das obrigações e dos deveres policiais militares*: do valor policial militar; da ética policial militar; do compromisso policial militar; do comando e da subordinação.
- *Da violação das obrigações e dos deveres policiais militares*: dos crimes militares; das transgressões disciplinares; dos Conselhos de Justificação e de Disciplina.
- *Dos direitos e prerrogativas dos policiais militares*: dos direitos; da remuneração; da promoção; das férias e outros afastamentos temporários do serviço; das licenças; da pensão policial militar; das prerrogativas (honras, dignidades e distinções devidas aos graus hierárquicos e cargos); do uso dos uniformes da Polícia Militar.
- *Das situações especiais*: da agregação; da reversão; do excedente e do não numerado; do ausente e do desertor; do desaparecido e do extraviado.
- *Da exclusão do serviço ativo*: da transferência para a reserva remunerada; da reforma, da demissão (a pedido ou ex-offiicio); da perda de posto e patente; do licenciamento; da exclusão a bem da disciplina; da deserção; do falecimento; e do extravio.

• *Outros*: da reabilitação; do tempo de serviço; do casamento; das recompensas e dispensas do serviço.

Regulamento Disciplinar da Polícia Militar do Estado do Rio de Janeiro – RDPM/R-9 (Decreto n.º 6.579/83)

O artigo 1º do RDPM (Rio de Janeiro, Decreto n.º 6.579 de 05 de março de 1983, 1983) e seu parágrafo único expõem a finalidade deste regulamento da seguinte forma:

> Art 1º- O Regulamento Disciplinar da Polícia Militar do Estado do Rio de Janeiro (RDPM) tem por finalidade especificar e classificar as transgressões disciplinares, estabelecer normas relativas à amplitude e à aplicação das punições disciplinares, à classificação do Comportamento Policial Militar das Praças e à interposição de recursos contra a aplicação das punições.
>
> Parágrafo Único- São também tratadas, em parte, neste Regulamento, as recompensas especificadas no Estatuto dos Policiais Militares.

Além de punir e recompensar os policiais militares, ao classificar o "Comportamento Policial Militar das Praças", o RDPM tem por finalidade comparar os policiais militares; diferenciá-los de acordo com suas aptidões; medir e hierarquizar; coagir os que não se enquadram; traçar limites entre o aceitável e o inaceitável, normal e anormal. Esse é o principal motivo de o RDPM ser considerado o "carro chefe" da disciplina aplicada em toda a PMERJ.

A disciplina na PMERJ é entendida de acordo com o RDPM em seu artigo 6º, que define a Disciplina Policial Militar como "rigorosa observância e o acatamento integral das leis, regulamentos, normas e disposições, traduzindo-se pelo perfeito cumprimento do dever por parte de todos e de cada um dos componentes do Organismo Policial Militar" (Rio de Janeiro, Decreto n.º 6.579 de 05 de março de 1983, 1983). Nesse mesmo artigo, § 1º expõe-se o que a PMERJ considera as manifestações essenciais da disciplina, como: a correção de atitudes; a obediência pronta às ordens dos superiores hierárquicos; a dedicação integral ao serviço; a colaboração espontânea à disciplina coletiva e à eficiência da instituição; a consciência das responsabilidades; e a rigorosa observação das prescrições regulamentares.

É o RDPM (Rio de Janeiro, Decreto n.º 6.579 de 05 de março de 1983, 1983) que conceitua transgressão disciplinar, de acordo com o seu artigo 13:

> A transgressão disciplinar é qualquer violação dos princípios da ética, dos deveres e das obrigações Policiais Militares, na sua manifestação elementar e simples, e qualquer ação ou omissão contrárias aos preceitos estatuídos em leis, regulamentos, normas ou disposições, desde que não constituam crime.

Ao se falar em violação dos princípios éticos, notamos que esse é um discurso permeado de subjetividades, uma vez que os princípios éticos variam de acordo com a moral e a ética dominante na sociedade em questão, nesse caso, a PMERJ. Ou ainda, depende do entendimento de princípios éticos e morais da autoridade a quem caberá julgar o ato praticado – transgressão disciplinar – pelo policial militar.

Ainda sobre a questão da subjetividade de quem julga a conduta desviante do policial militar, temos que em matéria de Direito Administrativo Disciplinar, conforme Zanella (2001), não prevalece o princípio rigoroso da tipicidade – o que faz com que transgressões disciplinares nem sempre se apresentem bem definidas juridicamente, uma vez que elas podem ser infinitas. Dando assim, margem de discrição em favor da Administração Pública (PMERJ) na figura da autoridade competente para julgar o fato. Bastando a autoridade competente para julgar e punir, fundamentar a sua decisão e se pronunciar quanto ao mérito[23] (oportunidade e conveniência) visando sempre, em tese, o interesse público.

Existem cento e vinte e cinco (125) transgressões disciplinares listadas (tipificadas) no Anexo I do RDPM – "seus delitos especificados" (Foucault, 1999, p. 149) -, elas são referentes a "Todas as ações ou omissões contrárias à Disciplina Policial Militar especificadas no Anexo I do presente Regulamento", conforme o artigo 14, I do RDPM (Rio de Janeiro, Decreto n.º 6.579 de 05 de março de 1983, 1983). Já os demais casos, conforme o artigo 14, II, que diz:

> Todas as ações, omissões ou atos, não especificados na relação

---

[23] A palavra mérito, em sentido político, significa que o Estado tem a função de atender os interesses públicos, dentro dos limites da lei. O Estado tem como dimensões a oportunidade (elemento motivo) e a conveniência (elemento objeto), que compõem o mérito do ato administrativo. E a discricionariedade é o meio para que essa função - de atender os interesses públicos específicos – possa ser exercida pela Administração.

> de transgressões do Anexo citado, que afetem a honra pessoal, o Pundonor Policial Militar, o decoro da classe ou o sentimento do dever e outras prescrições contidas no Estatuto dos Policiais Militares, leis e regulamentos, bem como os praticados contra regras e ordens de serviço estabelecidas por autoridades competentes. (RIO DE JANEIRO, Decreto n.º 6.579 de 05 de março de 1983, 1983).

São as transgressões que ficam à mercê das subjetividades das autoridades competentes para julgarem e punirem os policiais militares acusados de terem praticado a conduta desviante, valendo-se da discricionariedade da Administração Pública.

As "formas particulares de sanção" (Foucault, 1999, p. 149) na PMERJ que tem por objetivo o fortalecimento da disciplina, e que "privações ligeiras e pequenas humilhações morais" (Foucault, 1999, p. 149), conforme o artigo 23 a 27 do RDPM são as seguintes:

* *Advertência*: é uma admoestação feita verbalmente ao transgressor, podendo ser em caráter reservado ou ostensivo. É a forma mais branda de punir.

* *Repreensão*: é a punição publicada em boletim, mas que não priva o punido da liberdade.

* *Detenção*: é a punição que cerceia a liberdade do punido, o qual deve permanecer no local que lhe for determinado, normalmente o quartel, sem ficar, no entanto, confinado. Pode durar até trinta (30) dias.

* *Prisão*: é o confinamento do punido em local próprio ou designado para tal. Pode durar até trinta (30) dias.

As "pequenas humilhações morais" (Foucault, 1999, p. 149) se fazem presentes em todas as formas de punição, já que elas são explicitadas de maneira ostensiva do Boletim Reservado da PMERJ (BDR), no qual todos os policiais militares têm acesso e onde consta a transgressão disciplinar praticada pelo policial militar e a punição a ele aplicada.

Já as "privações ligeiras" (Foucault, 1999, p. 149) são atinentes às punições de detenção e prisão, uma vez que os policiais militares a elas submetidos são privados de sua liberdade por um período que varia entre um (01) a trinta (30) dias, e assim, privados por tal período de relações sexuais, de seus convívios com a família, amigos, etc.

Porém, essa humilhação do policial militar decorrente da publicação da punição em Boletim Disciplinar Reservado da PMERJ, tem uma função preventiva, além de educar, Foucault (1999, p. 150) nos ensina que o "castigo disciplinar tem a função de reduzir os desvios. Deve portanto ser essencialmente corretivo". Pois aos demais policiais militares, não a punição em si, mas a possibilidade de sofrê-la, caso transgrida a disciplina, causa um *reforço negativo*[24] no ambiente corporativo – PMERJ, além do que o próprio

RDPM em si já causa.

As "instâncias de julgamento" (Foucault, 1999, p. 149) na PMERJ estão definidas no artigo 10 do RDPM. Ainda estabelece que a competência para aplicar as prescrições contidas no RDPM é conferida ao cargo e não ao grau hierárquico, ou seja, é funcional. Esse mesmo artigo elenca ainda as autoridades competentes para aplicar tais prescrições, são elas:

- *O Governador do Estado*: a todos os integrantes da PMERJ.

- *O Comandante Geral*: aos que estiverem sobre o seu comando.

- *O Chefe do Estado Maior, os Comandantes de Área, e os Diretores dos Órgãos de Direção*: aos que estiverem sobre suas ordens e em OPMs[25] subordinadas.

- *O Subchefe do Estado Maior, o Ajudante Geral e os Comandantes de OPM*: aos que estiverem sob suas ordens.

- *Os Subcomandantes de OPM, Chefes de Seção, de Serviços de Assessorias, cujos cargos sejam privativos de Oficiais Superiores*: aos que servirem sob suas ordens. A competência conferida aos Chefes de Seções de Órgãos de Direção é extensiva aos Chefes de Serviços e de Assessorias, limitando-se, contudo, às ocorrências relacionadas com as atividades inerentes ao serviço de suas respectivas repartições.

- *Os demais Chefes de Seção, Comandantes de Subunidades Incorporadas e Destacadas (Companhias), e de Pelotões Destacados*: aos que servirem sob suas ordens.

As *recompensas* são os reconhecimentos, por parte das autoridades competentes para aplicar as prescrições do RDPM, dos bons serviços prestados pelos policiais militares. Elas funcionam como um *reforço positivo*[26] no ambiente corporativo – PMERJ. Elas estão elencadas nos artigos 67 ao 70 do RDPM, são elas:

- *Elogio*: pode ser individual ou coletivo. O *elogio individual*, que coloca em relevo as qualidades morais e profissionais, somente poderá ser formulado aos policiais militares que se hajam destacado do resto da coletividade no desempenho de ato de serviço ou ação meritória. Os aspectos principais que devem ser abordados são os referentes ao caráter:

---

[24] Reforço, no behaviorismo, é a consequência de um comportamento que o torna mais provável. Reforços são estímulos à um comportamento em oposição à punição. O reforço negativo aumenta a probabilidade de um comportamento pela ausência (retirada) de um estímulo aversivo (que cause desprazer) após o organismo apresentar o comportamento pretendido. (SKINNER, 1989).

[25] Organização Policial Militar - OPM

[26] Reforço, no behaviorismo, é a consequência de um comportamento que o torna mais provável. Reforços são estímulos à um comportamento em oposição à punição. O reforço positivo aumenta a probabilidade de um comportamento pela presença (positividade) de uma recompensa (estímulo). (SKINNER, 1989).

coragem, desprendimento e inteligência; às condutas: civil e Policial Militar; à competência como Instrutor, Comandante ou Administrador; à capacidade física. Já o *elogio coletivo*, visa a reconhecer e a ressaltar um grupo de Policiais Militares, ou fração de tropa ao cumprir destacadamente uma determinada missão. Os elogios devem ser publicados em Boletim Interno ou Boletim PMERJ. Os elogios individuais devem ser registrados nos assentamentos dos policiais militares.

• *Dispensa total do serviço*: é concedida pelo prazo máximo de oito (08) dias, não devendo ultrapassar o total de dezesseis (16) dias, no decorrer de um ano civil, e não invalida o direito de férias. É regulada por período de vinte quatro (24) horas, contados de Boletim a Boletim, e a sua publicação deve ser feita, no mínimo, vinte quatro (24) horas antes de seu início, salvo por motivo de força maior.

• *Dispensa da revista do recolher*[27] *e do pernoite*[28]: é concedida nas escolas de formação, pois conforme o artigo 8º do RDPM (RIO DE JANEIRO, Decreto n.º 6.579 de 05 de março de 1983, 1983) "Os alunos dos Órgãos de Formação de Policiais Militares também estão sujeitos aos regulamentos, normas e prescrições dos Estabelecimentos em que estejam matriculados". As dispensas da revista de recolher e do pernoite podem ser incluídas numa mesma concessão.

O Exame

Este é o ponto máximo do controle normalizante, a mistura do olhar e da sanção - "superposição das relações de poder e das de saber assume no exame todo o seu brilho visível" (Foucault, 1999, p. 154) -, é através dele que o Policial Militar se torna visível e objeto indivisível da ação de poder. É através do exame que se encontra a *verdade* do policial militar. Dele, três características emergem:

1) Inverte-se a visibilidade do poder: através do exame o poder se esconde, e faz brilhar aquele sobre quem atua, através do exame o Policial Militar se mostra como objeto, se dá, se torna números e medidas.

2) Inclui a individualidade dentro de um campo documentário: nasce o indivíduo e as ciências do homem, através do exame é possível descrever o Policial Militar e compará-lo aos demais policiais militares; caracteriza-se grupo, coletivos e pode-se verificar os desvios dos "anormais".

3) Cada Policial Militar se torna um *caso*: todo policial militar tem sua

---

[27] O aluno é obrigado a se apresentar às 20h ao Oficial de Dia na OPM (ao Aluno de Dia ao C.A. no caso dos cadetes), em seguida é liberado.

[28] O aluno é obrigado a comparecer à Revista do Recolher e pernoitar na OPM.

vida esmiuçada, pormenorizada, detalhada, violentada por processos de marcação, classificação e objetificação.

> Na verdade o poder produz; ele produz realidade; produz campos de objetos e rituais da verdade. O individuo e o conhecimento que dele se pode ter se originam nessa produção. (FOUCAULT, 1999, p. 161).

Através das recompensas e punições, previstas no RDPM, é que se opera o sistema de treinamento e de correção, conforme nos diz Foucault (1999, p. 150), "punição, na disciplina, não passa de um elemento de um sistema duplo: gratificação-sanção. E é esse sistema que se torna operante no processo de treinamento e de correção". Esse processo é, também, um mecanismo de *diferenciação entre os policiais militares,* conforme Foucault (1999, p. 151):

> Este mecanismo de dois elementos permite um certo númcro de operações características da penalidade disciplinar. Em primeiro lugar, a qualificação dos comportamentos e dos desempenhos a partir de dois valores opostos do bem e do mal; em vez da simples separação do proibido, como é feito pela justiça penal, temos uma distribuição entre polo positivo e polo negativo; todo o comportamento cai no campo das boas e das más notas, dos bons e dos maus pontos. E possível, alem disso, estabelecer uma quantificação e uma economia traduzida em números. Uma contabilidade penal, constantemente posta em dia, permite obter o balanço positivo de cada um.

Esse mecanismo de diferenciação fica bem definido no RDPM através da *classificação do comportamento* das praças (policiais militares) que, segundo o artigo 51 do RDPM, espelha o procedimento dos policiais militares sob o ponto de vista disciplinar. O § 1º deste mesmo artigo, diz que a melhoria de comportamento dos policiais militares é de competência do Comandante Geral e dos Comandantes de Organização Policial Militar (OPM). O artigo 52 elenca e descreve as condições que classificam o comportamento da praça policial militar, que é classificado no Bom ao ingressar na PMERJ. São eles:

• *Excepcional:* quando a Praça no período de oito (08) anos de efetivo serviço, não tenha sofrido qualquer punição disciplinar.

• *Ótimo:* quando a Praça no período de quatro (04) anos de efetivo serviço tenha sido punida com até uma detenção.

• *Bom*: quando a Praça no período de dois (02) anos de efetivo serviço tenha sido punida com até duas prisões.

• *Insuficiente*: quando a Praça no período de um (01) ano de efetivo serviço tenha sido punida com até duas prisões.

• *Mau*: quando a Praça no período de um (01) ano de efetivo serviço tenha sido punida com mais de duas (02) prisões.

E assim são *diferenciados e examinados* os policiais militares da PMERJ, através de *elogios*, que os classificam como de caráter corajosos, abnegados e inteligentes; de competentes como Instrutores, Comandantes ou Administradores; e de capazes fisicamente. E se uns são elogiados com essas características, significa que alguns são bons e outros não. E ainda através das *dispensas do serviço*, significa que alguns merecem e outros não. E para finalizar, a própria *classificação do comportamento* que estigmatiza o policial militar em excepcional, ótimo, bom, insuficiente, e mau policial militar.

Dentro desse parâmetro do que é um comportamento normal e anormal ao policial militar, implantado através da normalização pelo RDPM, é que vamos entrando no conceito de Biopoder e Biopolítica, a fim de regular as condutas não individualmente, mas coletivamente na PMERJ.

4 BIOPODER E SOCIEDADE DE CONTROLE

Segundo Foucault (2005), houve uma nova construção de poder a partir das Grandes Guerras, mas não se trata da substituição das disciplinas e, sim, de um novo tipo de poder complementar, que se torna responsável por gerir uma sociedade em transformação. É a manifestação do biopoder.

> Ter-se-ia, por um lado, uma espécie de corpo global, molar, o corpo da população, junto com toda uma série de discursos que lhe concernem e, então, por outro lado e abaixo, os pequenos corpos, dóceis, corpos individuais, os microcorpos da disciplina. Mesmo que se esteja no início de pesquisas neste ponto, poder-se-ia dizer como se vê a natureza das relações (caso existentes), as quais são engendradas entre estes diferentes corpos: o corpo molar da população e os microcorpos dos indivíduos. (FOUCAULT, 1979, p.124).

O Biopoder

A característica principal do biopoder é o deslocamento do foco do sujeito (indivíduo) – Policial Militar - para a população (conjunto de indivíduos) – policiais militares da PMERJ -. O biopoder trata da gestão de técnicas de controle populacional através de questões estatísticas, de cálculo de risco e enfrentamentos territoriais. O controle é exercido a partir de gerenciamentos previdenciários, políticas públicas, questões sanitárias e da medicalização social.

O desenvolvimento tecnológico - a velocidade na troca de informações – é o cerne da estratégia biopolítica[29]. Porém, isso não significa que as disciplinas deixaram de existir. Pois a disciplina e o biopoder formam um complexo estabelecido na contemporaneidade. Assim, as subjetividades não deixam de ser o foco do poder em relação às populações. As estratégias de poder estão em transformação na sociedade, logo, também estão nas subjetividades.

As disciplinas, a normalização por meio da medicalização social, a emergência de uma série de biopoderes e a aparição de tecnologias do comportamento formam, portanto, uma configuração do poder, que, segundo Foucault (1998), é ainda a nossa.

A biopolítica representa uma "grande medicina social" que se aplica a população a fim de controlar a vida: a vida faz parte do campo do poder. O pensamento medicalizado utiliza meios de correção que não são meios de punição, mas meios de transformação dos indivíduos, e toda uma tecnologia do comportamento do ser humano está ligada a eles. Permite aplicar à sociedade uma distinção entre o normal e o patológico (anormal) e impor um sistema de normalização dos comportamentos e das existências, dos trabalhos e dos afetos.

> Acerca da 'modernidade', é preciso compreender que as sociedades ocidentais passaram a ser permeadas pelos discursos médicos, os quais passaram a regular desde então todas as práticas e laços sociais. Assim, a modernidade ocidental implicou uma 'medicalização' do campo social como um todo. Desde então, portanto, nada seria estranho e exterior ao olhar médico, que passou não apenas a interpretar a totalidade dos acontecimentos sociais, mas também a intervir sobre ela. (BIRMAN, 2007, p. 533).

O que é normal e patológico (anormal) varia e depende das subjetividades moral e ética dominante em determinada época e cultura local de cada sociedade. Conforme Durkheim (2011, p. 86) diz: "Hoje já não é possível contestar que o direito e a moral variam não apenas de um tipo social para outro, mas também dentro de um mesmo tipo, se as condições de existência coletiva se modificam".

---

[29] Na obra de Michel Foucault (2005), é o estilo de governo que regulamenta a população através do biopoder.

Sociedade de Controle

Gilles Deleuze desdobrou, tomando como ponto de partida as análises de Michel Foucault, os diagnósticos sobre a eficácia das tecnologias de poder, com o objetivo de mostrar como nas sociedades de controle, a sociedade em que vivemos atualmente, há uma superposição e um remanejamento dos dispositivos disciplinares e da biopolítica, no entanto, debaixo de uma maneira mais eficaz de poder sobre a sociedade: *o controle*.

A ideia de que vivemos em sociedades de controle foi formulada por Deleuze (1992) em dois textos – *"Controle e Devir"* e *"Post-scriptum sobre as sociedades de controle"*. Deleuze considera que "entramos em sociedade de 'controle', que já não são disciplinares" (Deleuze, 1992, p. 215). A crise das sociedades disciplinares e das suas instituições de confinamento (escola, prisão, quartel, fábrica, etc.) passou a conviver com a implantação de novas tecnologias de poder que caracterizam a sociedade de controle.

Em um regime de existência mútua com a disciplinarização social, surgiram sociedades de controle que se caracterizam por operar em sistemas abertos, flexíveis, moduláveis, em oposição à rigidez das sociedades disciplinares e suas instituições. Conforme Deleuze, temos a seguinte distinção, na sociedade disciplinar enquanto "os confinamentos são moldes, distintas moldagens pelas quais o indivíduo passa, sempre recomeçando do zero: primeiro a família, depois a escola, depois o exército, a fábrica, etc." (Deleuze, 1992, p. 220), já no controle "uma modulação, como uma moldagem autodeformante que mudasse continuamente, a cada instante, ou como uma peneira cujas malhas mudassem de um ponto a outro" (Deleuze, 1992, p. 221).

Como exemplo das transformações operadas pelas sociedades de controle, temos o Curso de Aperfeiçoamento de Sargentos a Distancia (CAS EAD) da PMERJ, antigamente, era realizado no ambiente confinado do Centro de Formação e Aperfeiçoamento de Praças (CFAP), atualmente, é feito a distância, no qual o aluno acessa o Ambiente Virtual de Aprendizagem (AVA) da Escola Virtual da PMERJ (EVPMERJ) através de um login e uma senha pessoal, podendo estudar no horário e local em que achar conveniente, contudo, a PMERJ tem o controle da hora e por quanto tempo o aluno acessou o AVA, a educação concebida como formação permanente, no qual um controle contínuo é exercido sobre as subjetividades. Enquanto nas instituições disciplinares uma segmentariedade assegura o confinamento e os limites da experiência de cada sujeito inserido nelas, nas sociedades de controle estas instituições são atravessadas por uma linha de continuidade em que a experiência subjetiva é vivenciada sempre como algo a terminar. Este controle constante em meios abertos frente aos confinamentos mais rígidos constitui uma forma de poder sobre a sociedade e seus cidadãos, muito mais amplo e eficaz que as tecnologias do poder disciplinar.

Ao declínio das sociedades disciplinares e à entrada das sociedades de controle correspondem novas formas de microfísicas de poder.

A sociedade de controle no contexto atual

Atualmente, os mecanismos de vigilância se aprimoraram e passaram de um caráter institucional para o de uma vigilância geral. A proliferação de câmeras de vídeo em muitos espaços sociais, o uso de transponders, de aparelhos celulares, cartões de crédito e da comunicação pela Internet facilitaram o exercício de mecanismos de vigilância e controle cada vez mais eficientes e eficazes.

Na sociedade de controle, o controle passa do âmbito local, restrito à extensão dos olhos e do ouvido humanos, para um âmbito supra-local, estendendo-se para todos os espaços da vida pública. Não existe mais um espaço restrito para que o poder se faça sentir, pelo contrário, ele se faz presente em todos os lugares. Porém, é mais perverso, mais controlador, porque se sustenta no aparato das novas tecnologias de informação. O símbolo do controle agora não é mais o *panóptico,* mas a *internet,* a rede digital de comunicação mundial, que concentra toda a informação dos indivíduos em bancos de dados. O princípio da docilidade continua o mesmo, pois os indivíduos entregam voluntariamente seus dados à vigilância.

Perpetua-se, assim, de forma moderna, o princípio do *panóptico* como instrumento de subordinação ideológica. O exercício do controle, agora aperfeiçoado pelo auxílio da tecnologia e pelo uso de equipamentos minúsculos, quase imperceptíveis ao olhar humano, torna-se habitual no cotidiano das sociedades. O controle acaba sendo interiorizado pelos indivíduos, como necessário e absolutamente vital. É o biopoder que organiza e controla a vida em todos os campos sociais.

A rede de comunicação mundial – *internet* – nessa nova perspectiva acaba exercendo a função de um *superpanóptico* (Bauman, 1998), controlando todo o ciberespaço, a informação e o conhecimento, elementos estratégicos para a manutenção do poder nessa nova sociedade informacional.

As estratégias desse poder controlador se organizam em torno da importância que a informação e o conhecimento ocupam na sociedade global. O sucesso de quaisquer atividades, sejam de natureza econômica ou política, na atualidade, depende muito da capacidade do uso de informações e dos conhecimentos que as sociedades conseguem agregar.

Tal processo de distribuição de informações pela internet é mais um elemento estruturador da globalização, pois acaba interligando países e mercados, que se comunicam constantemente pela internet.

Para Negri e Hardt (2001, p. 42-43) esses dois paradigmas sociais se definem assim:

> [...] a sociedade disciplinar é aquela na qual o comando social é construído mediante uma rede difusa de dispositivos ou aparelhos que produzem e regulam os costumes, os hábitos e as práticas produtivas. [Na sociedade de controle] os mecanismos de comando [são] distribuídos por corpos e cérebros dos cidadãos. Os comportamentos de integração e de exclusão próprios do mando são, assim, cada vez mais interiorizados nos próprios súditos. O poder agora é exercido mediante máquinas que organizam diretamente o cérebro (em sistemas de bem-estar, atividades monitoradas, etc.) no objetivo de um estado de alienação independente do sentido da vida e do desejo de criatividade.

São estabelecidos novos mecanismos de vigilância e controle, sustentados na tecnologia da informação (TI). Os muros característicos da sociedade disciplinar cedem e o poder controlador se dissolve em todos os espaços, operando de maneira mais sutil, porque é quase imperceptível ao olhar comum. O poder disciplinador continua impositivo, embora não implique práticas de adestramento físico, mas faz-se presente na sociedade através da necessidade de dominação da informação e da comunicação nas relações sociais e em todos os campos de trabalho, estruturando as condutas e os horários a serem seguidos.

São inaugurados novos mecanismos de regulagem da vida, vinculados às TIs. O domínio, cada vez mais, de tecnologias complexas, e a capacidade de utilizá-las de modo útil, se tornaram condição essencial para a obtenção e manutenção do próprio trabalho, cuja característica cada vez mais imaterial, vincula-se ao domínio das tecnologias modernas.

Ao falarmos que, nas sociedades de controle, os *muros* declinaram, dá-se uma ideia falsa de que a ideologia do confinamento entrou em colapso com a queda destes. Porém, Deleuze (1992, p. 224) explica que, o homem confinado da sociedade disciplinar passou a ser o homem endividado, na sociedade de controle. Para o teórico, do confinamento ao endividamento, os mecanismos de sujeição permaneceram os mesmos. O endividamento do trabalhador, na contemporaneidade, caracteriza-se como a mais nova forma de internamento dos sujeitos, agora controlados pelo poder de forma mais sutil.

Nas sociedades contemporâneas, o biopoder envolve todo o corpo social, valendo-se de uma tecnologia que funciona a partir da *sedução*. A intenção não é mais explicar ou convencer, mas seduzir ou conquistar.

Assim, mesmo distante do ambiente de trabalho, os sujeitos seduzidos pelos aparatos tecnológicos, acabam levando o controle para dentro de suas casas. É o princípio da sedução do controle opondo-se à coerção das sociedades disciplinares.

Biopolítica na PMERJ

Na biopolítica na PMERJ há uma preocupação com as relações entre o Policial Militar (homem-espécie) e o meio em que ele vive.

A importância da biopolítica na PMERJ ocorre em função da população (policiais militares da Corporação) e de boas condições ambientais para preservar a sua existência. Os problemas de desvios de conduta policial militar (crimes e transgressões disciplinares) vão afetar diretamente tanto a PMERJ quanto a sociedade fluminense em geral.

Portanto, foi a partir dos desvios de conduta praticados por policiais militares, vinculados às diversas incapacidades técnicas de vigilância, que a biopolítica na PMERJ conseguiu extrair o conhecimento necessário para a definição de qual área o Governo deve intervir com o seu poder, práticas políticas de dominação e evidência da verdade perante o indivíduo. Dá-se, então, o encontro com a biopolítica.

Esse poder extraído é fundamental para aperfeiçoar os mecanismos de poder que são baseados numa espécie de previdência, que tem por objetivos, além de coibir os desvios de conduta dos policiais militares, preservar a dignidade do policial militar. Para isso, foram estabelecidos mecanismos reguladores com o intuito de manter o equilíbrio e controle dos policiais militares da PMERJ.

A biopolítica carecerá de tecnologia que deve estar direcionada para dispositivos que devem assegurar a vida da Corporação, pois a sua meta é controlar. E para que esses fatores – saúde e bem-estar da Corporação – sejam preservados, será iniciada um política de policiamento para evitar tudo àquilo que possa ameaçar a vida da população – tanto PMERJ quanto sociedade civil.

Vários procedimentos são tomados para se alcançar o objetivo de preservar a vida da população policial militar e sociedade civil, como por exemplo, a normalização do saber; implantação de sistemas de CFTV; a instalação de CHIPs de controle de consumo e abastecimento nas bombas de combustível e nas viaturas, a implantação do sistema de rastreamento veicular por GPS (Georast) nas viaturas; a instalação de sistemas de áudio e vídeo nas viaturas; etc.. Essas medidas são importantes para que se tenha certo controle sobre problemas como os de desvio de conduta (crimes e transgressões disciplinares) por parte dos policiais militares, e esse controle é um dos mecanismos do biopoder.

Os biopoderes

Descreveremos, a seguir, os biopoderes utilizados na biopolítica de correição adotada pelo Governo na PMERJ a fim de coibir os desvios de conduta (transgressões disciplinares e crimes), por parte dos policiais militares, que afetam tanto a Corporação quanto a sociedade fluminense.

Descreveremos também algumas dinâmicas de condutas desviantes praticadas por policiais militares nas diversas OPMs e em suas áreas de policiamento (ruas).

A nossa pesquisa de campo foi realizada no Y° Batalhão de Polícia Militar (Y° BPM) que atua por circunscrição em dois municípios, os dados foram colhidos por meio de observação direta no período de quatorze de abril de 2014 a vinte e quatro de abril de 2014, na ocasião em que o pesquisador estava lotado na Diretoria Geral de Pessoal (DGP) e escolheu o Y° BPM como local para o cumprimento de punição de dez (10) dias de detenção, totalizando duzentos e quarenta (240) horas ininterruptas naquela OPM. Além disso, o pesquisador serviu de janeiro de 2004 a fevereiro de 2007 no Y° BPM como Aspirante a Oficial PM e Tenente PM e de janeiro de 2011 a outubro de 2012 como Capitão PM, no qual assumiu e exerceu diversas funções e tirou vários serviços como os de Oficial de Dia, Supervisão de Oficial, e Oficial de Operações.

O Y° BPM fica localizado em uma estrutura relativamente grande. A área é cercada por muros de aproximadamente três metros de altura, em seu interior há dez (10) prédios; um (01) campo de futebol; cinco (05) estacionamentos – um (01) de oficiais, um (01) de praças, e três (03) de viaturas -; uma (01) piscina; uma (01) estrada e saída de pedestres; e duas (02) entradas e saídas de veículos – uma frontal e outra lateral. As repartições são distribuídas nos prédios da seguinte forma:

1) *Prédio frontal (Comando)*: Gabinete do Comandante; Gabinete do Subcomandante; Gabinete do Oficial de Dia; Alojamento do Oficial de Dia; Alojamento do Adjunto ao Oficial de Dia; Guarda do Quartel; Alojamento da Guarda; Seção de Comunicação Social (P/5); Seção de Psicologia; Secretaria; e banheiros de visitantes.

2) *Prédio lateral direito*: Seção de Pessoal (P/1); Seção de Inteligência (P/2); Seção de Operação e Instrução (P/3); Coordenação Operacional de Análise Criminal; Companhias (Cias); Pelotão de Comando e Serviço (PCSV); Almoxarifado; Salas de Aula; Sala de Operações (SOP); Alojamento de Oficiais Superiores, Alojamento de Oficiais Intermediários; Alojamento de Oficiais Subalternos, Alojamento de Subtenentes e Sargentos; Creche; Arquivo; e Arquivo da SsJD[30].

3)   *Primeiro Prédio lateral esquerdo*: Subseção de Justiça e Disciplina (SsJD).

4)   *Segundo Prédio lateral esquerdo*: Estande de Tiro; e Sala de Apresentação.

5)   *Prédio atrás do campo de futebol*: Seção de Apoio Logístico e Administração (P/4); Tesouraria; Seção de Telemática; Reserva Única de Material Bélico (RUMB); Alojamento de Cabos e Soldados; Farmácia.

6)   *Ginásio*: Quadra esportiva; duas (saunas); alojamentos esportivos; depósito do Almoxarifado; e Cantina.

7)   *Rancho*: Refeitório dos Oficiais; Refeitório dos Subtenentes e Sargentos; Refeitório de Cabos e Soldados; Seção de Aprovisionamento.

8)   *Estrutura atrás do Rancho*: Oficina Mecânica.

9)   *Prédio lateral direito aos fundos*: Bomba de Abastecimento, Sala do Despachante e Alojamento do Despachante e Bombeiro de Dia.

10)   *Prédio aos fundos*: Seção de Manutenção e Transporte (SMT).

Para fins da nossa pesquisa, utilizaremos o Yº BPM como laboratório, porém, as dinâmicas apresentadas, perpassam por toda a PMERJ de um modo geral.

O sistema de CFTV no Yº BPM

O sistema de Circuito Fechado de TV no Yº BPM foi instalado no ano de 2012, a fim de dar segurança eletrônica ao batalhão, porém, mais do que ao patrimônio, as câmeras ali instaladas, estão estrategicamente posicionadas a fim de vigiar as condutas (boas ou más) dos policiais militares. As câmeras estão posicionadas da seguinte forma: uma (01) na Guarda do Quartel – de modo que vigia quem entra e sai do quartel, além do policial militar de plantão na guarda, e grava no DVR Stand Alone[31] -; uma (01) no prédio lateral direito apontada para o portão frontal – de modo que vigia os veículos e pessoas que entram e saem, e ainda, o policial militar de plantão junto à guarita do portão, a quem cabe controlar o acesso -; e uma (01) na parede do Alojamento de Cabos e Soldados, apontada para a RUMB – de modo que vigia o acesso à RUMB e os policiais militares que recebem e entregam armamentos-.

---

[30] Subseção de Justiça e Disciplina.

[31] É o aparelho utilizado para gravação de câmeras, funciona basicamente como um computador, porém de maneira simplificada.

### a)	O Oficial de Dia

O Oficial de Dia é o representante do Comandante da OPM fora do expediente e deve assegurar o exato cumprimento das ordens da OPM e das disposições regulamentares relativas ao serviço diário. Conforme o RISG, este tipo de serviço deve ser tirado por Aspirante a Oficial PM e Tenente PM (1° e 2°), porém, na PMERJ, o serviço é tirado de Subtenente PM a Capitão PM, devido ao baixo efetivo de oficiais nas Unidades e de acordo com a conveniência dos Comandantes das OPMs.

### 1)	Liberação do Serviço de modo correto

Dentre as atribuições dos Oficiais de Dia, está a fiscalização do horário de entrada e saída de serviço dos policiais militares – participando faltas e atrasos em LPD-. Sendo que no início do serviço, o Oficial de Dia tira a falta do PM e autoriza a sua saída para o policiamento externo (motorizado ou não), nos casos do policiamento motorizado, o Oficial de Dia carimba e assina a *Ficha de Circulação de Viaturas* (atestando que aquela viatura está em boas condições de patrulhar) e entrega a *Papeleta de Serviço* ao PM (onde consta o nome e RG do policial ou policiais militares, a sua missão e setor de patrulhamento), a falta do PM é retirada em forma, estando o policial devidamente fardado e armado. Ao término do serviço, o PM deve se apresentar ao Oficial de dia que autoriza ou não a saída do policial militar assinando, carimbando e colocando o horário de liberação na *Papeleta de Serviço,* ao qual o Quartilheiro[32] da RUMB, só pode receber o armamento utilizado pelo PM com a autorização – assinatura e carimbo– do Oficial de Dia.

### 2)	Liberação do Serviço de modo errado

Quando o Oficial de Dia queria liberar o Policial Militar do serviço antes do horário correto, na maioria das vezes, através do recebimento de uma quantia em dinheiro, de modo que se utilizava da corrupção, para oferecer "mercadorias políticas" (MISSE, 2008, p. 382), ou ainda conforme Misse (2011, p. 23) conceitua.

> São mercadorias produzidas em uma troca assimétrica, quase sempre compulsória, embora interesse geralmente a ambas as

---

[32] Pessoa responsável pela distribuição, recebimento e manutenção de armamento e afins em uma Reserva de Material Bélico. O termo é mais empregado em unidades militares.

partes realizá-la. Seu preço depende simultaneamente de um cálculo político e de um cálculo econômico. Pode ser produzida pela privatização de atribuições estatais por um funcionário público (é o caso da variedade de trocas chamada "corrupção"), como pode ser produzida simplesmente pela posse de informação, força, poder ou violência suficiente para obrigar um sujeito ou grupo social a entrar em uma relação de troca (é o caso da chamada "extorsão"). Evidentemente, pode-se fazer uma interpretação estritamente econômica dessas trocas, mas perde-se a dimensão política e a complexidade envolvida na interação social em que se desenrolam.

Este Oficial de Dia assinava e carimbava a *Papeleta de Serviço* antes do horário do término, mas colocava o horário correto do término na mesma e ordenava ao Quartilheiro que desse a baixa ao armamento constando o horário correto de término de serviço. O Quartilheiro por respeito, interesse futuro ou medo de represália do superior hierárquico; ou até mesmo camaradagem ao PM liberado, acatava a ordem do Oficial de Dia corrupto.

3)   Liberação de punidos de modo errado

Quando o Oficial de Dia – responsável pela fiscalização dos presos e detidos no aquartelamento – queria liberar os policiais militares punidos mediante vantagem pecuniária, nos dias de semana o fazia após as 21h – horário no qual deveria fazer a última conferência regulamentar – liberava os punidos que saíam do quartel e regressavam pela manhã, antes da troca de serviço ao próximo Oficial de Dia na escala. E nos finais de semana, liberava os punidos logo pela manhã, também para regressarem após a passagem de serviço ao próximo Oficial de Dia.

4)   O efeito do CFTV

Através do sistema de CFTV, não é mais possível que o Oficial de Dia libere o policial militar do serviço sem deixar rastros, mesmo com a cumplicidade do Quartilheiro, uma vez que embora os registros escritos estejam em ordem, o registro visual gerado pelo sistema de CFTV e gravado no DVR não mentem. Pois basta uma denúncia ou desconfiança por parte do Comando da OPM, que ele manda consultar as imagens da câmera da RUMB para saber que horas de fato o PM liberado entregou o armamento na RUMB, ou se nem entregou, caso deixe com o próprio Oficial de Dia para dar baixa. Portanto, o sistema de CFTV coíbe esse tipo de conduta desviante.

As câmeras no portão frontal (saída de veículos) e na Guarda do Quartel – onde fica a entrada e saída de pedestres, coibiu a prática de liberação de punidos por parte do Oficial de Dia, uma vez que os muros do quartel são muito altos (não teria como o PM pulá-lo sem chamar a atenção), teoricamente, o único modo de saída dos policiais, seria pelo portão frontal ou pela Guarda, porém estes estão sob a vigilância das câmeras, que possuem inclusive, a tecnologia de infravermelho, que possibilita a vista no interior de veículos com filmes nas janelas. Digo "teoricamente" coibiu a prática de liberação de punidos porque no Y° BPM o portão lateral, próximo à P/2 e o qual o policial militar de serviço de Permanência da P/2 tem a chave, continua sem câmera de vigilância, e dependendo do grau de relacionamento entre o Oficial de Dia e o Permanência da P/2, ou este e os policiais militares punidos, a abertura do portão pode ser realizada e a prática desviante de conduta consumada.

Mas no geral, a impossibilidade de se corromper sem encobrir os rastros da corrupção, coibiu o Oficial de Dia a realizar tal prática.

b)   O Comandante da Guarda e o Plantão do portão

Dentre as atribuições do Comandante da Guarda estão a de organizar e confeccionar o formulário de viaturas de outras unidades que pernoitaram no Y° BPM; organizar e confeccionar o formulário de viaturas do Y° BPM; e organizar e confeccionar o formulário de entrada e saída de veículos particulares (constando a data e horário de entrada e saída dos veículos), todos esses formulários têm por destino a P/2 da OPM. Ou seja, o Comandante da Guarda é responsável por todo veículo que entra, sai e/ou permanece na OPM. Na prática, é o PM de Plantão no portão frontal que controla o acesso de veículos, porém, a responsabilidade é do Comandante da Guarda que assina e carimba os formulários, logo, é sua obrigação fiscalizar a ação do Plantão em relação ao acesso de veículos. Cabe ressaltar que os veículos particulares para adentrarem ao quartel, precisam estar cadastrados na Contrainteligência da P/2 da OPM, que fornece a identificação de acesso para aquele veículo específico.

1)   Escondendo veículos de má procedência no quartel

Quando o policial militar no serviço de Plantão do portão frontal e/ou o Comandante da Guarda queriam deixar adentrar algum carro com restrição policial (roubado ou furtado) ou judicial (com mandado de busca e apreensão) ao quartel, ele simplesmente deixava de registrar os dados do veículo no formulário de papel. O motivo poderia ser financeiro (corrupção) ou camaradagem ao policial militar condutor do veículo de má procedência. Acaso a P/2 descobrisse o tal veículo dentro do quartel, não teria como provar em qual horário de plantão o veículo adentrou ao quartel, uma vez que os policiais militares da Guarda se revezam em quartos de hora.

2) O efeito do CFTV

Através do sistema de CFTV, a prática de deixar adentrarem veículos de má procedência ao quartel foi coibida. Pois não tem mais como o Comandante da Guarda e/ou Plantão, ou qualquer outro policial militar, permitir que entre ou entrar eles mesmo com qualquer veículo sem que a câmera apontada para o portão frontal registre toda a ação, inclusive a hora e a data do fato, identificando assim, o policial militar de Plantão naquele horário e também o condutor do veículo.

O CHIP de abastecimento e consumo de combustível no Y° BPM

O Y° BPM é dotado de tanques e bombas de abastecimento de combustível (gasolina). Os serviços de Bombeiro de Dia[33] e Despachante de Viaturas[34] são acumulados pelo mesmo PM naquela OPM (por motivos de economia de efetivo) em escala de 24h x 48h.

Todas as viaturas do Y° BPM – operacionais e administrativas-, são dotadas de um CHIP que registra o abastecimento e consumo de combustível das viaturas.

a) Oficial de Dia e o Bombeiro de Dia/Despachante de Viaturas

1) O correto recebimento de combustível

O procedimento regulamentar é que o Bombeiro de Dia avise ao Oficial de Dia sobre a chegada do caminhão de combustível, para que este o receba. O Oficial de Dia deve conferir o combustível, auxiliado pelo Bombeiro de Dia, da seguinte maneira:

• Subir no caminhão e verificar através das bocas de enchimento se o combustível está na seta de conferência (o combustível deve estar tangenciando a seta);

• Drenar aproximadamente entre 50 a 60 litros do combustível em baldes de alumínio para que seja feita a limpeza da tubulação;

---

[33] Responsável pelas bombas de combustível e abastecimento de viaturas.
[34] Responsável pelas viaturas do quartel e suas liberações para o patrulhamento.

- Mensurar a quantidade de combustível no tanque da OPM com a régua medidora;

- Anotar volumes, lançar no LPD em tópico próprio para o recebimento de combustível e sempre solicitar a presença do motorista nesta medição.

Em seguida, o Oficial de Dia deve descarregar o combustível, auxiliado pelo Bombeiro de Dia, da seguinte forma:

- Verificar se o motorista conectou o cachimbo na boca do tanque subterrâneo.

- Em seguida conectar o engate rápido do mangote na válvula do compartimento que será descarregado;

- Garantir que o motorista acompanhe a operação e não se afaste da área.

Ao término da descarga do combustível, auxiliado pelo Bombeiro de Dia, o Oficial de Dia deve:

- Verificar se o motorista fechou a válvula do caminhão tanque e desconectou o mangote primeiramente do caminhão;

- Solicitar a drenagem do caminhão com o balde de alumínio com cautela, pois a quantidade pode ser superior à capacidade do balde;

- Em seguida verificar se desconectou o mangote do tanque de armazenamento e fechar a boca de descarga do tanque;

- Para desconexão do cabo terra, primeiro deverá ser desconectado a extremidade do caminhão tanque em seguida o ponto de descarga do tanque de armazenamento;

- Inspecionar visualmente o interior do tanque do caminhão para certificar-se do total esvaziamento, se for necessária iluminação, apenas utilizar lanterna à prova de explosão. Não utilize nenhum outro equipamento, como celulares ou lanternas convencionais;

- Mensurar quantidade no tanque recebedor com régua medidora e sempre solicitar a presença do motorista nesta medição.

Após o recebimento e conferência, o Oficial de Dia recolhe a nota fiscal e deve assinar e carimbar uma guia da nota fiscal que fica com o motorista da empresa fornecedora de combustível.

2) O furto de combustível

Antes da implementação dos CHIPs de abastecimento e consumo de combustível, o Oficial de Dia em conluio com o Bombeiro de Dia, ao receber o combustível, mensurava, com uma quantidade menor do que a real, o combustível no tanque da OPM. Por exemplo, se o tanque da OPM tinha cinco mil litros (5.000 litros) de combustível, ele media quatro mil e quinhentos litros (4.500 litros) antes de passar o combustível do caminhão para o tanque e ficava com quinhentos litros (500 litros), que posteriormente, geralmente de madrugada, o Bombeiro de Dia sacava do tanque através da bomba, esses quinhentos (500 litros) de combustível, posteriormente vendia e repassava a metade do dinheiro do furto ao Oficial de Dia. Cabe ressaltar que o procedimento padrão é que o Oficial de Dia, após as 22h, tranque e lacre as bombas de combustível e o tanque, ficando de posse das chaves, só rompendo o lacre e liberando o tanque e as bombas pela manhã, após a conferência do lacre. Como a mensuração, era feita somente manualmente e em livros, ficava mais fácil burlar o controle, uma vez que era uma fiscalização muito trabalhosa e cansativa, além da dificuldade de se descobrir em qual dos serviços o combustível foi furtado – caso fosse detectado o furto pela SMT ou pela P/4. Geralmente a variação de níveis de combustível no tanque caía na conta do tempo, que em dias de calor dilata o combustível, e em dias de frio o contrai.

Havia casos em que o Oficial de Dia, por preguiça, deixava a cargo do próprio Bombeiro de Dia, receber o combustível. Nesses casos, o Bombeiro de Dia fazia todo o processo de furto por conta própria, sem precisar dividir o dinheiro do furto com ninguém. Porém, corria um risco maior, uma vez que por função, o Oficial de Dia pode revistar os policiais militares e seus veículos no interior do quartel.

Em outros casos, cada viatura ao reabastecer, deixava alguns litros para o Bombeiro de Dia. Por exemplo, se em um reabastecimento, a bomba marcasse vinte e sete litros (27 litros), o motorista da viatura deixava o Bombeiro de Dia arredondar a marcação para trinta litros (30 litros), no Livro do Bombeiro de Dia, na Ficha de Circulação de Viaturas, e na Guia de Abastecimento, constariam trinta litros de abastecimento, quando na verdade seriam vinte e sete litros (27 litros) na viatura e três litros (3 litros) para o Bombeiro de Dia. A primeira vista pode parecer pouco, mas levando em consideração que cerca de oitenta viaturas (80) patrulham a área do Y° BPM, geralmente em dois turnos de serviço, e cada guarnição que assume o serviço reabastece, ao final do seu serviço, o Bombeiro de Dia teria furtado quatrocentos e oitenta litros de combustível (480 litros). Nessa época os Bombeiros de Dia diziam: "é de grão em grão que a galinha enche o papo".

E por último, havia a modalidade de furto de combustível em que os policiais militares de uma guarnição qualquer motorizada, tirava o combustível da viatura e abastecia o próprio automóvel.

3)   O efeito do CHIP

Com a implementação dos CHIPs de abastecimento e consumo de combustível nas viaturas e nas bombas de abastecimento da PMERJ, o furto de combustível foi coibido, uma vez que cada abastecimento passou a ser controlado eletronicamente e em tempo real através da internet, ainda registrando a data e hora do abastecimento, a quantidade de combustível saída pela bomba, a viatura que recebeu o combustível, e o consumo de combustível de cada viatura. A Diretoria Logística (DL) da PMERJ pode acompanhar todo esse processo a distância. Pelo menos, a nível operacional, ficou muito difícil algum policial militar furtar combustível sem se incriminar.

O rastreamento de viaturas e de radio portátil por GPS[35]

Todas as viaturas operacionais da PMERJ estão equipadas com o sistema de rastreamento por GPS. Com esse sistema de rastreamento veicular (Georast) é possível visualizar a localização da viatura em um mapa na tela do computador em tempo real através da intranet da OPM, e ainda, se a viatura está desligada ou ligada, parada ou em movimento, indicando inclusive, a velocidade da viatura, tudo em tcmpo real. Ainda é possível consultar o histórico de localizações anteriores, mostrando toda a rota percorrida pela viatura no horário escolhido.

a)   Supervisão de Oficial

A Supervisão de Oficial é um serviço tirado pelos tenentes e capitães no Y° BPM, em turnos de 24h, tem por missão, realizar a Supervisão Direta das atividades operacionais desenvolvidas no âmbito da OPM, com o fito de dirigir e/ou orientar as ações dos níveis operacionais, detectando vulnerabilidades e/ou sobreposições de recursos e indicando a necessidade de remanejamento e ajustes no planejamento. Além de instruir, fiscalizar e apoiar a tropa em ocorrências policiais.

O modo tradicional de supervisão consiste em ir ao local de policiamento e ver se está tudo em ordem com a guarnição policial militar. No caso do policiamento motorizado, o Oficial Supervisor solicitava via rádio a marcação do odômetro[36] e a localização da viatura, e ia até o local

---

[35] GPS é a sigla de Global Positioning System. São satélites que estão em órbita ao redor da terra, através de uma rede, em formação precisa. Como sabemos, todo ponto na Terra é identificado por dois conjuntos de números chamados coordenadas. Estas coordenadas representam o ponto exato onde uma linha horizontal conhecida como latitude, cruza uma linha vertical conhecida como longitude. O receptor de GPS localiza pelo menos três satélites e usa as informações recebidas para determinar as coordenadas Geográficas no receptor de GPS.

[36] Odômetro, também chamado de hodômetro, é um instrumento que serve para medir as distâncias percorridas, e são bastante comuns em automóveis. O

supervisionar. Se a guarnição policial militar tivesse mentido sobre a sua localização, o odômetro não bateria com o fornecido via rádio. O Oficial Supervisor, constantemente recorria a esse modo de supervisionar, a fim de verificar se as guarnições de policiamento motorizado estavam em seus setores de patrulhamento ou baseamento, ou estavam em outro local (alheio ao serviço), o que por si só, já configura transgressão disciplinar, e dependendo do que a guarnição policial militar estivesse fazendo no local não autorizado, até crime.

Com o advento do Georast, o Oficial Supervisor, ao inserir o login e a senha no programa do computador, acessa através da intranet da OPM, a opção de localização de qualquer viatura do Batalhão. Com isso, os policiais militares são coibidos a não abandonarem o seu setor de patrulhamento ou local de baseamento.

Cabe ressaltar, que a Supervisão do modo tradicional ainda se faz necessário, uma vez que o Georast dá a localização exata da viatura (máquina), mas não a do Policial Militar (homem). Ainda se faz necessário a presença do Oficial para vigiar o Policial Militar. Pois não era raro que em uma guarnição, um dos policiais militares se ausentasse do serviço permanentemente ou temporariamente (o que constitui crime militar de abandono de serviço) conforme o artigo 195 do Código Penal Militar – CPM: "Abandonar, sem ordem superior, o posto ou lugar de serviço que lhe tenha sido designado, ou o serviço que lhe cumpria, antes de terminá-lo" (BRASIL, Decreto n.º 1.001, de 21 de outubro de 1969, 1969).

De igual modo, os rádios portáteis utilizados pela PMERJ são dotados da tecnologia de rastreamento por GPS, facilitando a localização do policiamento ostensivo geral (a pé, de bicicleta, a cavalo, etc.). Porém, voltamos a ressaltar que essa tecnologia localiza a máquina, mas não vigia o homem, por isso, ainda se faz necessário que o Supervisor vá ao local fiscalizar o policial militar.

b)   Oficial de Dia e Operador da SOP

O Georast aperfeiçoou o serviço do Oficial de Dia e do Operador de Sala de Operações (SOP), uma vez que é dever de ambos, cobrar que as guarnições cumpram as Ordens de Policiamento (O. Pol.) e Ordens de Operações (O. Op.) emanadas da Seção de Operação e Instrução (P/3). Pois todas as guarnições de policiamento recebem as supracitadas ordens das mãos do Oficial de Dia ao início de seus serviços, e são cobrados pelo Operador da SOP quanto ao cumprimento de tais ordens. Antes do Georast, só o serviço de Supervisão de Oficial ou Graduado, é quem

---

odômetro está normalmente no painel do veículo, marcando os quilômetros rodados.

tinham condições de conferir o cumprimento das ordens indo ao local. Atualmente, o Oficial de Dia e o Operador da SOP podem fiscalizar o cumprimento das ordens pelo policiamento motorizado de dentro da SOP, acessando o Georast pelo computador.

Ou seja, o Georast acelerou o processo do serviço do Oficial de Dia e do Operador da SOP, e coibiu que os policiais militares não cumprissem as ordens ou demorassem a cumpri-las. Observamos também que as viaturas da OPM também são monitoradas pelo Centro Integrado de Comando e Controle (CICC)[37].

Sistema de áudio e vídeo nas viaturas

A instalação de sistema de áudio e vídeo nas viaturas policiais militares é um grande avanço no controle social das ações dos policiais militares nas ruas, uma vez que afeta diretamente o serviço prestado ao cidadão fluminense. Pois as viaturas são equipadas com duas (02) câmeras com tecnologia de infravermelho – uma grava o interior da viatura (da frente para trás) e outra o exterior (à frente) -, além do sistema de áudio que tem uma escuta de alcance de um raio de 60m. O sistema é integrado à rede de internet que permite que o CICC monitore as imagens e o áudio das viaturas ao vivo. E mesmo que o CICC não esteja monitorando as imagens e o áudio ao vivo, elas ficam gravadas no sistema para posterior consulta. Pois a capacidade de monitoramento do CICC é limitada a noventa e oito (98) monitores em um grande telão de 5m de altura e 17m de cumprimento.

As diversas transgressões disciplinares que poderiam ser cometidas pelos policiais militares integrantes das viaturas, além de crimes (extorsões, corrupções passivas, homicídios, torturas, etc.), são coibidas pela simples possibilidade de estarem sendo vigiados, além da certeza de estarem sendo gravados.

No entanto, os policiais militares mal intencionados, tentam burlar esses biopoderes, pois em entrevista aberta, em forma de conversa informal, com o Soldado PM R. no Yº BPM, o mesmo relatou ao pesquisador que alguns policiais militares da OPM, teriam um "desenrolo"- esquema de suborno - com um funcionário da empresa prestadora de serviços de manutenção nas viaturas da PMERJ, para que o mesmo desconectasse o sistema de áudio e vídeo das viaturas.

---

[37] O objetivo do CICC é promover a integração operacional e técnica entre as instituições no estado para atender e monitorar as demandas cotidianas e dos grandes eventos.

Diminuindo as oportunidades

A criminologia, de um modo geral, tem procurado entender os motivos que levam um indivíduo a cometer um crime. Várias teorias vêm tentando explicar a propensão maior ou menor de indivíduos para o crime em razão de características psicológicas, sociais e individuais.

Segundo Clarke e Felson (1998), o comportamento individual é resultado da interação entre o indivíduo e o ambiente. Para os autores, a oportunidade pode ser considerada a principal causa do crime. Conforme a *Teoria das Oportunidades*:

> [...] para que um crime ocorra deve haver convergência de tempo e espaço em, pelo menos, três elementos: um provável agressor, um alvo adequado, na ausência de um guardião capaz de impedir o crime. (FELSON; CLARKE, 1998, p. 4).

Um provável agressor, um alvo adequado e a ausência do guardião, são elementos mínimos para a ocorrência do crime, a ausência de um dos elementos significa que o crime não ocorrerá. Por isso, é preciso que estejam reunidos na mesma hora e local.

Para ilustrar a ocorrência de um crime, utilizaremos o *triângulo do crime*, uma teoria formulada por Cohen e Felson (1979) que declara que um crime predatório ocorre quando um *agressor provável* e um *alvo adequado* se encontram no tempo e espaço, sem a presença de um *guardião* competente. Essa teoria não distingue uma vítima humana e um alvo inanimado, pois os dois podem despertar o interesse do agressor. E ela define um guardião capaz em termos tanto de atores humanos quanto de equipamentos de segurança. Essa formulação leva ao triângulo original para a análise de problema com os três lados representando o agressor, o alvo e a localização.

Eck e Clarke (2003) destacam que foi adicionado um triângulo externo de "controladores" para cada lado do triângulo interno - triângulo original (Figura 15).

Figura 15 – Triângulo externo de controladores

Fonte: O próprio autor (2015).

A partir de agora, exemplificaremos a partir da biopolítica de correição implantada na PMERJ. Para o *alvo/vítima*, o controlador seria o *guardião* capaz, ou seja, equipamentos de segurança ou pessoas que podem se proteger e proteger seus bens, como por exemplo, policiais militares, vigilantes, etc. Para o *agressor* – policial militar de conduta desviante – é o *"controlador"*, Oficiais PM que utilizam os biopoderes (tecnologias aplicadas ao controle social na PMERJ) que estão em posição de controle sobre o agressor, sendo capaz de influenciá-lo de modo que o crime não aconteça. Por exemplo, Oficial Supervisor, Oficial de Dia, Chefe do CICC, etc. Em relação ao local, o controlador pode ser o *gerente*, o proprietário ou alguém que tenha responsabilidade sobre o local, por exemplo, o motorista no ônibus e o professor na escola.

Percebemos assim, que nos casos em que o Policial Militar tende a uma conduta desviante, assumindo o papel de Agressor no *triângulo do crime*, a prática da conduta desviante é coibida com a retirada da oportunidade do PM cometer o ato, pois sua pré-disposição à cometer a conduta desviante –

oportunidade - é diminuída pelo fato do *Controlador* o estar fiscalizando através dos biopoderes – sistema de CFTV; sistema de controle de abastecimento e consumo de combustível por CHIP; sistema de rastreamento de viaturas por GPS (Georast); sistema de áudio e vídeo em viaturas, etc..

5 CONSIDERAÇÕES FINAIS

Diante do questionamento: quais são os mecanismos de poder adotados na PMERJ e suas técnicas numerosas e diversas para obter a docilidade dos corpos e o controle da conduta dos policiais militares? Concluímos que os principais biopoderes aplicados à biopolítica de correição do Estado, visando coibir os desvios de conduta (crimes e transgressões disciplinares) por parte de policiais militares, são: sistema de CFTV nos aquartelamentos; sistema de controle de abastecimento e consumo de combustível de viaturas; sistema de rastreamento de viaturas por GPS; e o sistema de monitoramento e gravação de áudio e vídeo nas viaturas.

Pois essas novas tecnologias de poder (biopoder) aliadas ao poder disciplinar com suas técnicas disciplinares de produção de obediência e em conjunto com a Tecnologia da Informação, levaram a nossa sociedade para a era da sociedade de controle – o controle que se faz a distância e em maior velocidade -, tornando todo o processo mais eficiente e eficaz. Fazendo com que todos os espaços sejam vigiados, pondo a todos em um sistema panóptico gigante. No entanto, a vigilância presencial ainda se faz necessária na PMERJ, uma vez que muitas das novas tecnologias controlam a máquina (viaturas, tanques e bombas de combustível, etc.), mas nem sempre vigiam o homem (Policial Militar), que é dotado de inteligência e está sempre tentando burlar os biopoderes aplicados.

As biopolíticas implantadas pelo Governo na PMERJ produzem resultados positivos, não só para a própria Corporação, mas também para toda a sociedade fluminense – que pode ser diretamente afetada pelos desvios de conduta dos policiais militares. Dando assim, mais segurança à população do Estado do Rio de Janeiro e preservando a imagem e a saúde da instituição PMERJ.

Porém, não podemos esquecer que apesar da medicalização social dos comportamentos, que normalizam as condutas e as definem como normal ou patológica (anormal), o crime é um fato social, e sendo assim, por mais que se diminuam as oportunidades - por meio de controladores que se utilizam dos biopoderes para controlar e vigiar os policiais militares- do PM cometer desvios de conduta, sempre haverá aquele que se disporá a fazê-lo.

6 REFERÊNCIAS

ACADEMIA DE POLÍCIA MILITAR D. JOÃO VI, Normas Gerais de Ação do Corpo de Alunos. Portaria 001/2010. Rio de Janeiro, 2010. 59 p.

BARROS, Aidil Jesus da Silveira; LEHFELD, Neide Aparecida de Souza. Fundamentos de metodologia científica: um guia para a iniciação científica. 2. ed. São Paulo: Makron Books, 2000.

BAUMAN, Zigmunt. O Mal-Estar da Pós-Modernidade, Rio de Janeiro: Jorge Zahar Editor LTDA, 1998.

BENTHAM, Jeremy. O Panóptico, 2ª ed., Belo Horizonte: Autêntica Editora, 2008.

BIRMAN, Joel. A biopolítica na genealogia da psicanálise: da salvação à cura. Hist. cienc. saude-Manguinhos, Rio de Janeiro, 2007, v. 14, n. 2, p. 529-548. Disponível em <http://www.scielo.br/scielo.php?script=sci_arttext&pid=S0104-59702007000200008&lng=en&nrm=iso>. Acesso em 03 jun. 2015.

BOURDIEU, Pierre. A Economia das Trocas Simbólicas, São Paulo, Perspectiva, 2007.

BRASIL. Código Tributário Nacional. Organização dos textos, notas remissivas e índices por Juarez de Oliveira. 19. Ed. São Paulo: Saraiva, 1990.

________. Constituição (1988). Constituição da República Federativa do Brasil. Brasília, DF: Senado, 1988.

______. Decreto n.º 3.932, de 12 de abril de 1939. *Aprova o Regulamento Interno e dos Serviços Gerais. Rio de Janeiro, 1939.*

______. Decreto n.º 1.001, de 21 de outubro de 1969. Os Ministros da Marinha de Guerra, do Exército e da Aeronáutica Militar, usando das atribuições que lhes confere o art. 3º do Ato Institucional n° 16, de 14 de outubro de 1969, combinado com o § 1° do art. 2°, do Ato Institucional n° 5, de 13 de dezembro de 1968, decretam o Código Penal Militar. Brasília, DF, 1969.

COHEN, Lawrence e FELSON, Marcus. (1979), "Social change and crime rate trends: a routine approach". American Sociological Review, 44: 588-608. Sociological Review, 44: 588-608

DELEUZE, Gilles. Post-scriptum sobre as Sociedades de Controle. Conversações: 1972-1990. Rio de Janeiro: Ed. 34, 1992, p. 219-226.

______. Controle e Devir. Conversações: 1972-1990. Rio de Janeiro: Ed. 34, 1992, p. 209-218.

DURKHEIM, Émile. Educação e Sociologia. São Paulo: Melhoramentos/ Fundação Nacional de Material Escolar, Rio de Janeiro, 1978.

______. As Formas Elementares da Vida Religiosa. São Paulo, Ed. Martins Fontes, 2000.

______. As Regras do Método Sociológico. São Paulo, Ed. Martin Claret, 2011.

ECK, John E. och CLARKE, Ronald V. (2003). "Classifying Common Police Problems: A Routine Activity Approach", i *Theory for Practice in Situational Crime Prevention* av Martha J. Smith och Derek B. Cornish, (red). *Crime Prevention Studies*, vol. 16. Monsey, NY: Criminal Justice Press

FELSON, Marcus e CLARKE, Ronald V. Opportunity makes the thief. Practical theory for crime prevention. Police Research Series, paper 98. Home Office. London. Research, Development and Statistics Directorate, 1998, 36 p.

FOUCAULT, M. Vigiar e punir: nascimento da prisão. Petrópolis: Vozes, 1999.

______. Microfísica do poder. Rio de Janeiro, Ed. Graal, 1998.

______. Em Defesa da Sociedade. São Paulo, Ed. Martins Fontes, 2005.

______. História da sexualidade I: a vontade de saber. Rio de Janeiro: Graal, 1979.

GODINHO, Eunice Mª. Educação e Disciplina. Rio de Janeiro: Diadorim, 1995.

GOFFMAN, E. Manicômios, Prisões e Conventos. São Paulo: Perspectiva, 2005.

HARDT, M.; NEGRI, A. Império. Rio de Janeiro: record, 2001.

MINAYO, MC. O desafio do conhecimento: pesquisa qualitativa em saúde. Rio de Janeiro: Abrasco, 2007.

MISSE, Michel. Sobre a acumulação social da violência no Rio de Janeiro. Civitas, Porto Alegre, 2008, pp. 371-385.

______. Crime Organizado e Crime Comum no Rio de Janeiro: Diferenças e Afinidades. In Rev. Sociol. Polít., Curitiba, v. 19, n. 40, p. 13-25, out. 2011.

OLIVEIRA, R, C. O trabalho do antropólogo: olhar, ouvir, escrever. In.: O trabalho do antropólogo. São Paulo: UNESP, 2000.

PINHO, L. C. "As tramas do discurso". In: Castelo Branco, G.; Baêta Neves, L. F.. (Org.). Michel Foucault: da arqueologia do saber à estética da existência. Londrina/Rio de Janeiro: Nau, 1998, v., p. 183-192.

RIO DE JANEIRO. Lei n.º 443, de 1º de julho de 1981. Dispõe sobre o Estatuto dos Policiais Militares do Estado do Rio de Janeiro e dá outras providências. ALERJ. 1981

______. Decreto n.º 6.579, de 05 de março de 1983. Aprova o Regulamento Disciplinar da Polícia Militar do Estado do Rio de Janeiro (RDPM) e dá outras providências. Rio de Janeiro. 1983.

SILVA, R. R. Entre a Caserna e a Rua: O Dilema do "Pato". 52. Ed. Niterói: EDUFF - Editora da UFF, 2011. v. 1. 270p.

SKINNER, B. F.. Ciência e Comportamento Humano. Tradução realizada por J. C. Todorov & R. Azzi. São Paulo: Martins Fontes, 1989.

TRIVIÑOS, A. N. S. Introdução à pesquisa em ciências sociais: a pesquisa qualitativa em educação. São Paulo: Atlas, 1992.

WACQUANT, L. J. D. Corpo e alma: notas etnográficas de um aprendiz do boxe, Rio de Janeiro, Relume Dumará, 2002.

ZANELLA, Maria Sylvia Di Pietro. Direito Administrativo. 13.ª Edição. São Paulo: Atlas, 2001.

SOBRE O AUTOR

Ítalo do Couto Ferreira é Mestrando em Administração (PPGAd/UFF); e Mestrando em Justiça e Segurança (PPGJS/UFF). MBA Executivo: Marketing (EBAPE/FGV); Especialita em Planejamento, Implementação e Gestão da Educação a Distância (UFF); Especialista em Gestão em Administração Pública (UFF); Especialista em Gestão em Segurança Corporativa (AVM); Especialista em Políticas Públicas de Justiça Criminal e Segurança Pública (UFF); Especialista em Segurança e Cidadania (CESeC/UCAM). Graduado no Curso de Formação de Oficiais, pela Academia de Polícia Militar D. João VI (APM) e graduado em Administração (UFF). Atualmente, é Capitão PM Reformado da Polícia Militar do Estado do Rio de Janeiro (PMERJ) e administrador (CRA-RJ: 20-95374), dedica-se a pesquisar sobre segurança pública, direitos humanos, polícia, gestão operacional, administração da produção e comportamento organizacional.